国家出版基金项目
NATIONAL PUBLICATION FOUNDATION

清初流人開發東北史

謝國楨◎著

山西出版傳媒集團
山西人民出版社

圖書在版編目(CIP)數據

清初流人開發東北史／謝國楨著．—太原：山西人民出版社，2014.12
(近代名家散佚學術著作叢刊／許嘉璐主編)
ISBN 978-7-203-08701-4

Ⅰ.①清… Ⅱ.①謝… Ⅲ.①地方史—東北地區—清代 Ⅳ.①K293

中國版本圖書館CIP數據核字(2014)第205963號

清初流人開發東北史

主　　編　許嘉璐
著　　者　謝國楨
責任編輯　梁晉華
出 版 者　山西出版傳媒集團·山西人民出版社
地　　址　太原市建設南路21號
郵　　編　030012
發行營銷　0351-4922220　4955996　4956039
　　　　　0351-4922127(傳真)　4956038(郵購)
E-mail　sxskcb@163.com　發行部
　　　　sxskcb@126.com　總編室
網　　址　www.sxskcb.com
經 銷 者　山西出版傳媒集團·山西人民出版社
承 印 廠　山西出版傳媒集團·山西人民印刷有限責任公司
開　　本　700mm×970mm　1/16
印　　張　8
字　　數　79千字
印　　數　1—3000冊
版　　次　2014年12月　第1版
印　　次　2014年12月　第1次印刷
書　　號　ISBN 978-7-203-08701-4
定　　價　18.00圓

《近代名家散佚學術著作叢刊》編委會

出版説明

近代名家散佚學術著作叢刊選取一九四九年以後未再刊行之近代名家學術著作共一百二十册，編例如次：

一、本叢書遴選之著作在相關學術領域具有一定的代表性，在學術研究方向、方法上獨具特色。

二、爲避免重新排印時出錯，本叢書原本原貌影印出版。影印之底本皆經專家組審定，原書字體大小，排版格式均未做大的改變，原書之序言、附注皆予保留。

三、本叢書分爲八大類，以作者生卒年編次。

四、爲使叢書體例一致，本叢書前言後記均采用繁體字排版。

五、個別頁碼較少的版本，爲方便裝幀和閱讀，進行了合訂。

六、少數學術著作原書内容有個別破損之處，編者以不改變版本内容爲前提，部分進行修補，難以修復之處保留缺損原狀。

七、原版書中個别錯訛之處，皆照原樣影印，未做修改。

八、所選版本之抽印本頁碼標注，起始至所終頁碼均照原樣影印，未重新編排標注新頁碼。

由於叢書規模較大，不足之處，殷切期待方家指正。

總序／

披沙瀝金，以爲鏡鑒

◇許嘉璐

多年來有一個問題始終在我腦中盤桓：爲什麼在十九世紀末到二十世紀初，在短短的幾十年裏，中國的各個學術領域竟涌現了那麼多大師級的人物？這是中國近代史上一個極爲重要的現象，我認爲，如果不能給出令人滿意的答案，我們撰寫的近代學術史將是不完整的，甚至是缺乏靈魂的。後來我知道，著名人類學家克羅伯曾提出過一個問題：爲什麼天才成群地來？看來這種現象的出現並非中國所獨有，思考其所以然的也大有人在。而在那一次世紀之交中國的情况，似乎應驗了「天才成群地來」這個令克氏久久不解的疑問。錢學森先生曾從相反的方向提出了相同的疑問：爲什麼我們這個時代出現不了杰出人才？後來人們稱這個問題爲「錢學森之謎」。

要回答這些疑問不是件容易的事。與其迅速地囫圇地探尋，不如先多了解那些讓中國近代學術（應該包括人文科學和自然科學）史上閃耀着光輝的大師們的作品和自述，從而在腦海里盡量「復原」他們所處的環境和在那種環境下的心理路徑，從中或許可以得到一些啓示。

有一點是顯然的，這就是他們雖然都已遠離塵世而去，但是他們獨立思考的品性、求知治學的真誠、困厄窮愁中對節操的堅守，恐怕是他們共同的主觀因素，一直影響到現在，而且將會永遠留存下去。

就思想界、學術界而言，二十世紀上半葉是一個新説和舊説碰撞，中學和西學融匯的大時代。那時的學人極爲重視言行操守，同時具備現代知識分子的理想信念；他們的學術研究十分純净，絶少功利因素；他們的視界開闊，以包容的心態和嚴謹的風格造就了成果的大氣與厚重。至於在客觀因素一面，他們實際是在用工業化時代的事實解説着太史公所説的名山之作「大抵聖賢發憤之所爲作」，困厄苦難使得他們「皆意有所鬱結」。這種鬱結，幾乎和個人的名利毫無牽涉，他們永遠不能釋懷的，是民族的存亡、國運的興衰、民衆的福禍和文脈的續斷。

那個時代也是近代歷史上最大規模的中西古今學術調適、創新的時期，學術方法上的交互滲透和融合、創新亦可謂「於斯爲盛」。斯時之學人是要在封閉的屋墻上鑿出窗子的勇士，是使人能够看看外部世界的第一批導夫先路者；或者可以説，他們是在「意有所鬱結」時「彷徨」和「吶喊」的「狂人」。

相對於那時的哲人們，後來者是幸運兒。現在的形勢是，近三十年來學界空前繁榮，衆多學科有了長足之進，其中很重要的一點是學界有了更新穎、更廣闊的國際視野，似乎接續上了百年前的學壇盛事。但細想想，「古」與「今」還是有差别的。其异，主要不在於世界情勢、學術進展、工具改善這些客觀存在，而在於在廣泛吸收各國優長的同時，自身文化的主體性越來越受到重視，换言之，「拿來主義」已經延長了「拿來」的程序，加上了試用、甄别、篩選、吸收、融合、成長。就我孤陋所見，在當今地球上，面向所有異質文明，努力汲取我之所缺，其範圍之大和心態之切，似乎無出中國之右者。從這個角度説，我們已經超越了前輩。但是事情還有另外一面，學術，特别是人文學科，其職業化、「沙龍化」和功利性，以及隨之而來的浮躁病却嚴重了。從這個角度説，是不是我們已經後退得够可以的了？而這是不是我們這個時代出不了大師的原因之一呢？

民國學術界的特點之一是極爲注重對傳統的反省、批判與繼承。他們對傳統文化盡最大的努力進行整理和研究。一方面，由於戰亂頻仍，民不聊生，學者們擔起了讓中華文化薪火相傳的歷史責任；另一方面，他們要通過對中國傳統文化的整理、挖掘來重振民族自信心。這一時期對傳統文化進行整理的全面而深入是前所未有的，舉凡文字學、語言學、經濟學、法學、哲學、政治制度、書法繪畫、金石學……規模之宏大，研究之精微，令人嘆爲觀止。

民國學術推動了現代學科體系的建立。在對傳統文化整理和研究的基礎上，吸收西方的文化思想和理念，推動和建立了中國現代學科體系。例如，在對語言文字和音韵學成果進行整理、研究的基礎上開始着手規範之，建立了國語學；深入研究書法、國畫，將其融入了現代美術學科；在廢除舊有學制後逐步建立起小、中、大學較完整的科目和學科體系。

民國學術也改變了傳統學術方式，建立了新的研究範式。以現代科學考古爲發端，科研的實踐和成果使中國知識界真正認識到在實驗、比較基礎上的邏輯分析對學術研究的重要，推進了中國學術的一大演變。至於我們常説的打破士大夫傳統、走出書齋到田野鄉村和市民中進行調查研究、結束了經學時代、以歷史眼光檢視儒學和諸子等等，都是確立新學術範式的努力。這一轉變，也標誌着中國學術界脱胎换骨，全面進入了現代，爲此後的學術發展奠定了堅實的基礎。當然，西方啓蒙運動以來，在「現代性」和「現代化」裏潛伏着的缺陷和謬誤也傳到了中國，這些不能不在前哲的著作裏留下痕迹。這並不奇怪。類似的情况，古往今來孰能免之？猶如今天的我們，誰敢自稱我之所見就是永恒的真理？在這個問題上兩個時代所異者，或許就在昔時大家創立新説或譯註西學著作，往往是懷着對學術和前哲的敬畏而爲之，故而常常誤不在我；當今則往往出於對學問和他人的輕蔑，或以所研究的對象爲謀己的工具，因而難辭主觀之咎吧。翻閲他們的心血之作，這些復雜的狀況可以顯見，可以視之爲我們的一面鏡子。

滄海桑田，世事變幻，歷史的動盪和時代的遮蔽，使當年許多大師的一些極有價值的學術著作被棄於故紙堆中，不能不令人有遺珠之憾。爲此，山西人民出版社不惜以數年之艱辛，披沙瀝金，編輯出版這套近代名家散佚學術著作叢刊，凡一百二十册，計文學、史學、政治與法律、美學與文藝理論、民族風俗、宗教與哲學、經濟、語言文獻共八大類別。所選皆爲作者之純學術著作，無論是其見解、精神，抑或是其時代烙印，都是後輩學人可資借鑒的寶貴財富。他們出版這套叢書，意在讓世人不忘來程，知篳路藍縷之不易，爲民族文化的傳承再增薪木。

出版社的初衷，與我近年來所思所慮近似，故願略述淺見於書端，以與策劃者、編輯者和讀者共勉。

二〇一四年七月六日

改定於自安東回京途中

前言

◇汪高鑫

中國近代的歷史，交織着多重矛盾。有傳統社會所具有的階級矛盾，有因帝國主義入侵而激化的民族矛盾，還有新舊思想觀念的矛盾，等等。正是社會矛盾的激盪，促進了近代社會的運動、嬗變與轉型，帶動了社會各種思潮的不斷涌現，進而引發了各種史學思潮的興起和近代史學的發展。一言以蔽之，近代中國史學與史學思想的發展變化，與近代中國社會的變遷是休戚相關的。

民國時期的社會變遷與轉型，直接促成了民國史學的發展和史學觀念的改變以及史學方法的創新。縱觀民國時期社會變遷與史學的發展，大致可以劃分爲兩個時期，第一個時期從一九一二年民國成立到一九三七年抗戰爆發，第二個時期從一九三七年抗戰爆發到一九四九年新中國成立。

第一個時期，中國社會的變遷大致經歷了從中華民國建立到北洋軍閥統治、從五四運動的爆發到兩次國内革命戰争兩個階段。與此相對應，民國史學的發展也緊隨時代變化，明顯呈現出時代特徵。

在第一個階段，中國爆發了辛亥革命，結束了兩千多年的帝制統治，建立了資産階級民主共和體制的中華民國，然而資産階級臨時政府的權力很快又落入到袁世凱北洋軍閥手裏，中國政治進入了北洋軍閥黑暗統治時期。以梁啓超爲代表的一些早期提倡新史學的史家，因爲對袁世凱政府抱有幻想，而參加了北洋軍閥政府，由於忙於事務性的工作，早前由他們發動的資産階級新史學工作因此被耽擱了。這一時期新史學流派的歷史研究没有取得什麽實質性的成果。

北洋軍閥政府的獨裁統治與尊孔復古，激起了全社會的反抗，隨着維護資産階級民主共和的護國運動和護法運動的相繼開展，思想文化領域反對尊孔復古的新文化運動也於一九一五年開始廣泛開展起來，「民主」與「科學」便是這一運動所打出的旗幟。與此同時，大概自一九一六年以後，隨着一些留美、日、歐學生先後歸國，帶來了各種資産階級新思想。一時間，各種西方新學説不斷涌入，如英國羅素的社會改良主義、法國柏格森的生命哲學、德國李凱爾特的新康德主義、美國杜威的實用主義、馬克思主義，如此等等，當時中國的思想界可謂非常活躍。這些新學説、新思想的涌入，大大激發了這一時期中國史學家們的史學思想與歷史研究，各種新的史學研究方法得到介紹和提倡，史學出現了新的氣象。

從新文化運動到一九一九年五四運動時期，史學的代表人物主要有胡適、王國維、李大釗等人。胡適一九一七年留美回國後，很快成爲新文化運動的代表人物之一。在治學方法上，他將美國學者杜威的實驗主義運用到史學研究當中，於一九一九年提出了「大膽的假設，小心的求證」的治史方法和「整理國故，再造文明」的口號，發表了中國哲學史大綱這一以實驗主義研究中國歷史的示範之作，由此開啓了近代中國實證主義史學。王國維一九一六年留日歸國後，致力於甲骨文、今文和古器物考釋等的研究，一九一七年寫成的殷卜辭中所見先公先王考、殷周制度論，是考古學與歷史學相結合的開創性的研究成果。胡適與王國維等人的史學研究與方法，開創了近代中國史學研究的新範式。李大釗是近代中國第一個傳播馬克思主義的史學家。他於一九一六年留日歸國後，便積極投身於新文化運動中。當年發表了長文民彝與政治，從學理上論述如何根除帝制獨裁問題；次年發表了自然的倫理觀與孔子，對北洋軍閥政府尊孔復古進行抨擊；一九一九年在新青年上發表了我的馬克思主義觀，開始係統介紹馬克思主義史學理論，由此奠基了中國馬克思主義歷史觀。

第二個階段，爲中國兩次國内革命戰爭時期。第一次國共合作北伐，取得了反對北洋軍閥統治的勝利；第二次國共内戰，其間日本帝國主義不斷擴大侵華，民族危機日益加重。盡管這一時期的中國戰亂不已，國家還面臨着嚴重的民族危機，卻是民國史學大發展時期；而造就這種大發展的原因，既有五四新學術思想的持續爆發的因素，也與二十世紀二三十年代社會變遷密不可分。

二十世紀二三十年代民國史學的大發展，突出表現在新歷史考證學上，這顯然是對五四時期開啓的實證史學的繼續和發展。一九一九年底，胡適發起「整理國故」運動，從歷史學的角度提出「整理國故」的步驟與方法，繼續宣揚他的所謂學術求真。胡適認爲，「整理國故」的目的在於學術求真，並非現實致用，並提出了「整理國故」的四個具體步驟：第一步是條理系統的整理，第二步是尋出每種學術思想發生原因和效果，第三步是要用科學的方法做精確的考證，第四步是綜合前三步的研究還他一個本來面目。應該説胡適的「整理國故」對於歷史研究有着方法論的意義。受胡適疑古實證思想影響的顧頡剛，在史學上的突出成就和影響，是提出「層累地造成的中國古史」的觀點，以及創辦古史辨，推動中國古史的研究。顧頡剛古史辨的具體成就，除去提出「層累地造成的中國古史」的命題，還揭示了三皇五帝古史係統由神話傳説層累造成，打破了民族出於一元和地域向來一統的傳統説法，以及對古書著作時代的大量考訂。顧頡剛的治史宗旨，用他自己的話來説，就是「只當問真不真，不當問用不用」（注一）。傅斯年曾經留學德國，深受西方蘭克「史料即史學」的實證主義影響。一九二八年創辦中央研究院歷史語言研究所，大力宣揚蘭克史學思想。按照傅斯年的説法，「學問之道，全在求是」（注二），一分材料只能説一分話，史學便是史料學。王國維在這一時期的歷史考證涉獵廣博，於漢晉木簡研究有流沙墜簡考釋、墜簡考釋補證和簡牘檢署考，於敦煌寫卷研究有與羅振玉合編的敦煌石室遺書，於甲骨文等古文字研究貢獻尤大。在治史方法與理論上，王國維的

「二重證據法」之「古史新證」理論，對於民國史學的影響極大。陳垣這一時期的治史集中於宗教史和文獻學。於宗教史上，從一九一七年至一九二三年，他先後發表了元也里可温考、開封一賜樂業教考、火祆教入中國考和摩尼教入中國考，合稱「古教四考」；於文獻學上，他對目録學、年代學、史諱學和校勘學等領域多有建樹。陳垣治史以重史源、講類例爲其特點。以上史家雖然治學方法與特點不盡相同，但都以考證見長。

這一時期「新史學」史家的史學研究與方法也取得了一定的成就。梁啓超這一時期的史學研究可謂多産，從一九二〇年至一九二七年，先後發表清代學術概論、先秦政治思想、中國歷史研究法及補編、中國近三百年學術史和古書真僞及其年代等，治史重點在學術史與方法論。與當年發起「新史學」相比，梁氏這一時期的史學研究呈現出廣疏多變的特點。何炳松在「新史學」思潮中可謂獨樹一幟，他於二十世紀二三十年代中國史學界的最大影響，便是對魯濱遜新史學的介紹和評論。何炳松係統闡發了「新史學」的「綜合史觀」，主張歷史研究要反映人類活動的全部，史學研究的方法應該多元化，如統計學的方法、生物學的方法等等，要綜合利用各種學科的成果特別是新學科的進展開展歷史的研究，並表達了對於歷史學的意義、價值和發展前景的看法。

與此同時，這一時期的馬克思主義史家對歷史學的研究繼續做出了貢獻。一九二四年，李大釗出版史學要論，運用唯物史觀對歷史、歷史學、歷史學的係統、史學在科學中的地位、史學與其他相關學科之間的關係、現代史學的研究及於人生態度的影響等史學基本理論問題作了闡述。一九二七年大革命失敗後，一些關注中國前途與命運的學者受到困惑，於是一場關於中國社會性質的大論戰逐漸開展起來。馬克思主義史家積極參與其中，郭沫若便是其中的杰出代表。一九三〇年，郭沫若出版了中國古代社會研究一書，這是民國時期中國第一部運用唯物史觀分析、解剖中國古代社會的著作。該書以物質資料生産方式的發展和變革來解釋中國古代社會歷史發展的全過程，論證中國歷史發展與世界歷史發展的共同性，對中國古史分期提出了自己獨創性的看法。參與社會史大論戰的馬克思主義史學家還有呂振羽、何幹之、翦伯贊、侯外廬、鄧拓等人。但總體來看，與歷史考證學派相比，這一時期的「新史學」派和馬克思主義史學派並不佔據主流。

第二個時期，中國經歷了抗日戰爭和解放戰爭，民國史學在這個時期的表現有兩個顯著特點：其一是緊緊服務於抗戰的需要而出現的抗戰史學；其二是馬克思主義史學得到了迅速發展，逐漸形成自己的革命史學體係。

抗日戰爭的爆發，引起了中國史學界巨大的震撼。面對中華民族出現前所未有的嚴重危機，在第一時期佔據史學主流地位的新考證學派史家，他們過去那種一味重視學術求真，而不講究學術致用的治史價值取向，在這時發生了重大改變，開始以史學積極服務於抗戰。早在九一八事變以後，面對中華民族的危機，顧頡剛、傅斯年、陳垣等考證學派史家就開始拿起自己的史筆，積極投身於抗日救亡的時代大潮中。顧頡剛一九三四年創辦禹貢半月刊，開始高舉愛國主義的民族主義旗幟。之所以要以「禹貢」爲刊名，按照顧頡剛的說法，是「今日談起禹域，都會想起『華夏之不可侮與國土之不可裂』」（注三）。很顯然，禹貢半月刊的宗旨，便是要通過對於邊疆歷史地理的研究，激發全民族抵抗日本帝國主義侵略的熱情與決心，以達到維護祖國領土完整的目的。傅斯年在九一八事變後，出版了東北史綱，以大量史實論證東北自古以來就是中國的固有領土，對日本帝國主義御用歷史學家的種種歪曲史實的謬論予以駁斥。全面抗戰爆發後，傅斯年又寫了中國民族革命史一書，雖然是未完稿，卻已經表達了他的民族思想。該書以歷史爲依據，充分論證了中華民族的同一性、整體性和不可分割性，因此，在面對日本帝國主義侵略中國的嚴重危機的緊要關頭，中華民族應該團結起來共同禦侮，要發揚中華民族百折不撓的精神，樹立起中華民族抗戰的必勝信心。陳垣在新中國成立後給友人的書信中講到了九一八事變後他的治史取向的轉變：「九一八以前，爲同學講嘉定錢氏之學；九一八以後，世變日亟，乃改顧氏日知録，注意事功，以爲經世之學在是矣。」（注四）抗戰爆發後，陳垣當時身陷淪陷區，卻堅持以史學爲抗戰服務，其中最具代表性的史著便是「宗教三書」和通鑑胡注表微。所謂「宗教三書」，是指明季滇黔佛教考、清初僧諍記和南宋初河北新道教考，雖然講的是宗教，卻表現了愛國的民族情操。明季滇黔佛教考是表彰明末遺民的愛國精神與民族氣節；清初僧諍記是通過宗教史的研究，來揭露變節者、抨擊賣國求榮的漢奸；南宋初河北新道教考也是用以表彰抗節不仕之遺民。通鑑胡注表微是陳垣最具代表性的史學著作，也是一部關注現實的史著，書中表現出了陳垣對歷史前途和民族命運的思考。錢穆在抗戰時期的史學研究，愛國的民族主義色彩也非常濃厚。一九三七年，錢穆寫成了與梁啓超同名史著中國近三百年學術史。該書以思想文化爲基礎和綫索，以學術傳承爲核心，通過史實證明中國傳統文化的優越性，旨在提醒國人要重視挖掘中國傳統文化的長處和價值，持守中國傳統文化的精神，保持一種民族的自信心。毫無疑問，這種民族自信對於全民族團結抗戰是非常必要的。一九四〇年，錢穆多年國史教學講義國史大綱出版。該書以「國史」作稱謂，反映了作者作史的民族國家本位意識。錢穆明確指出：「治國史之第一任務，在能於國家民族之内部自身，求得其獨立精神之所在。」（注五）該書的具體内容也充分體現了這一精神，它將文化、民族與歷史三者結合起來對中國歷史加以考察，認爲這種歷史發展過程即是民族文化精神的演進過程，歷史研究的目的不僅在於弄清楚歷史的真實，更重要在於弄清楚歷史背後蘊藏的民族文化精神，從而積極地去傳承這種民族文化精神。

當然，新考證學派史家開始轉向經世致用，只是治史的價值取向發生了變化，並不等於放棄了一貫的注重考證的治史方法。相反，在民國後期，這種治史方法還得到了發展，并且取得了很多重要成果，陳寅恪的詩文箋證和「民族文化之史」的論述便是典型代表。陳寅恪屬於考證學派代表人物之一，這一時期出版的隋唐制度淵源略論稿和唐代政治史述論稿是其考證隋唐史的力作。陳寅恪對於史料的運用有自己獨到的見解，認爲史家之於史料應該善於審定，辯證地看待真僞；同時要善於利用史料，詩詞、小説，以及稗史、筆記等，都可以用做歷史研究的材料，這顯然是一種「通識」的史料觀。陳寅恪詩文箋證的治史方法，即是在這種史料觀的指導下産生的，具體做法是以歷史記載去箋證詩文，同時詩文又可用以證史、探討史事，從而開闢出了一條新的證史路徑。一九五〇年出版的元白詩箋證稿，以及晚年寫成的巨作柳如是别傳，便是運用這種方法的代表作。陳寅恪關於「民族文化之史」的論述，其基本内涵包括政治制度、社會習俗、學術思想、文學藝術。陳寅恪的歷史觀念，是要以民族文化爲根基，同時吸收外來學説，由此構建起本民族思想文化體係；而不談經濟基礎的作用，則是其歷史觀念的局限性。

這一時期的中國馬克思主義史學家，不但積極投身於抗戰史學當中，爲全民抗戰進行歷史研究，而且把歷史研究與當時的革命鬥爭相結合，逐漸形成了馬克思主義的革命史學。縱觀這一時期中國馬克思主義史學研究，主要在以下三個方面取得了顯著成就：其一是社會史研究，代表史家有吕振羽、鄧初民、侯外廬等人。吕振羽於一九四二年出版了中國社會史諸問題，該書是對二十世紀二三十年代中國社會史問題論戰的一個較爲係統的總結，正如作者在新版序言中所説，該書「反映了中國新史學在歷史科學戰綫上的鬥争過程中的若干情況，也反映了有關各派對中國史問題的基本立場、觀點、方法及其在一定時期的發展過程，可作爲中國馬克思主義史學史的參考資料」。鄧初民於一九四〇年和一九四二年分别撰寫出版了社會史簡明教程和中國社會史教程，兩書運用馬克思主義唯物史觀，分别論述了人類社會歷史的發展過程及其規律和中國社會歷史的發展過程及其規律。在中國社會史教程一書中，鄧初民指出了中國社會發展的前途是光明燦爛的，我們應該要「努最後必死之力，加以爭取」。侯外廬於一九四七年出版了中國古代社會一書，內容涉及生產方式、政治結構、階級關係、國家和法以及道德起源等問題，見解頗爲深刻。總體來説，這些社會史著作可以被看作是二十世紀二三十年代社會史大論戰的總結、延續和深入。

其二是通史研究。這方面的成就尤爲突出，呂振羽的簡明中國通史、范文瀾的中國通史簡編和翦伯贊的中國史綱都是這一時期的通史名作。呂振羽於一九四一年出版簡明中國通史上册，如同其出版序言所説，該書「與從來的中國通史著作頗不同」，這種「頗不同」主要表現在它「把中國歷史作爲一個發展過程在把握」，「還盡可能照顧到中國各民族的歷史及其相互關係」。一九四八年出版下册，在跋語中作者申明該書的基本精神是「把人民歷史的面貌復現出來」。范文瀾於一九四二年出版了中國通史簡編，該書的基本精神旨在將歷史研究與中華民族的前途相結合，如同作者在上册序言中所説的，「我們要瞭解整個人類社會的前途，我們必須瞭解人類社會過去的歷史；我們要瞭解中華民族的前途，我們必須瞭解中華民族過去的歷史」。這也正是中國通史簡編撰寫的初衷。本着這樣一個目的，該書的編寫運用馬克思主義觀點，肯定勞動人民的歷史作用，重視探尋社會發展的規律，注意分析階級鬥爭的本質，積極反映生産鬥爭的面貌。翦伯贊於一九四三年和一九四六年分别出版了中國史綱第一、二册，該書運用馬克思主義觀點，剖析了商周社會性質以及戰國秦漢社會性質的轉變，注意將中國歷史置於世界歷史的大背景下進行考察，在研究方法上重視以考古材料與文獻資料相結合。

其三是思想史研究，代表史家有呂振羽、何幹之、侯外廬等人。呂振羽於一九三七年出版了中國政治思想史，這是我國第一部運用馬克思主義理論論述中國政治思想的著作。撰述的初衷，是針對陶希聖的同名著述，可以被視爲社會史論戰的延伸。作者解釋所謂的政治思想史，「本質上係同於社會思想史」。全書按社會性質及其發展階段，對上自商朝下至鴉片戰爭前的中國政治思想史作了係統論述。何幹之於一九三七年出版了近代中國啓蒙運動史，該書重視將思想運動和社會的經濟結構、政治形態聯係在一起來進行研究，肯定評價各種思想文化必須運用「歷史的眼光」，把思想文化放在特定的歷史環境中進行考察、分析和評價。侯外廬關於思想史的研究建樹最多，他於一九四四年出版了中國古代思想學説史，具體探討了歷史演進與思想發展、新舊範疇與思想變革、思想發展過程與時代個別學説、學派同化與學派批判、學説理想與思想術語、現實與遠景等等的關係，見解深刻；一九四五年出版了中國近世思想學説史，這是一部論述十七世紀至二十世紀中國思想學説發展史的著作，以十七世紀爲啓蒙思想期、十八世紀爲漢學運動期、十九世紀以後爲西學東漸期做劃分；一九四七年主持編寫出版了中國思想通史第一卷，該書編寫的主旨思想，作者在出版序中説，是「特在於闡明社會進化與思想變革的相应推移，人类新生與意識潛移的聯係」。

如果説五四運動以來至抗戰以前的中國馬克思主義史學的傳播主要還只是李大釗、郭沫若等少數人的努力的話，那麽隨着抗日戰爭爆發，這樣的局面得到了很大的改觀，馬克思主義史學在此後得到了迅速發展。隨着馬克思主義史學家們在史學研究各個領域的全面開展，并且取得了許多重要的研究成果，一種新的「革命史學」體係便逐漸建立起來了。這種「革命史學」爲抗日戰爭和全國解放戰爭的勝利做出了重要貢獻，成爲中國共産黨領導的中國革命事業的重要組成部分。

縱觀民國時期史學的發展，明顯呈現出以下特點：首先是階段性。民國史學如同民國社會一樣，處在不斷的嬗變當中，故而呈現出明顯的階段性特點。這種階段性，大致可以分爲民國建立前後從傳統史學向新史學的轉變，五四時期及此後新史學向考證史學（廣義而言考證史學也屬於新史學）的轉變，抗戰時期考證史學向經世史學的轉變，從抗戰到解放戰爭時期，馬克思主義革命史學迅速發展。

其次是經世性。民國史學的嬗變，呈現出階段性特點，又是與史學發揮其經世功能緊密相連的。五四新考證學派史學雖然標榜自己的學問「只當問真不真，不當問用不用」，其實他們的考證史學是與五四新文化運動提倡的科學精神分不開的。新考證史學雖然有傳承乾嘉治史方法的因素，更有學習西方，希望建立科學的史學的願望所在。正如顧頡剛所説的，「五四運動以後，西洋的科學的治史方法，才真正傳入，於是中國才有科學的史學可言」（注六）。這種科學的史學，與當時建立科學、民主的中國的社會訴求是相一致的，其實也是具有經世的内蘊於其中的。抗戰時期，包括實證主義和馬克思主義等在内的史家都積極投身於宣傳民族文化當中，則是與當時的救亡圖存聯係在一起的，這種史學經世直面社會問題、直面民族危機，其方式當然更加直截了當。毫無疑問，民國史學在其不同階段，整體上都没有脱離經世的主旨，這也是中國史學的優良傳統。

再次是流派多。這一時期的史學流派可謂异彩紛呈，有新史學派、國粹派、新考證學派、馬克思主義學派等等。每一學派下面又可具體劃分出具有不同特點的派別，如新考證學派雖然都以考證見長，但他們的學術風格還是不盡相同的，據此又可細劃出以胡適爲代表的實證派、顧頡剛爲代表的古史辨派、傅斯年爲代表的史料學派、王國維爲代表的考古派等等。一些學者根據各自不同的標準，對民國史學流派作了不同的劃分，如有信古派、疑古派與釋古派之分，有傳統派、革新派與科學派之分，有考據學派、唯物史觀派和理學派之分，有掌故派、社會學派之分，如此等等，不一而足。

總體來看，民國史學影響最大者，莫過於新考證學派和馬克思主義學派，抗戰以前以新考證學派最盛，抗戰以後馬克思主義學派得到迅速發展。這些史學流派的史學理論與方法，迄今依然成爲我們歷史研究的重要範式。

近代名家散佚學術著作叢刊選取了一九四九年以後未再出版的十六部民國時期的史學著作進行重刊，它們分別是朱謙之的扶桑國考證、魏應麒的中國史學史、衛聚賢的中國考古小史、陳伯瀛的中國田制叢考、謝國楨的清初流人開發東北史、張鵬一的唐代日人來往長安考、鍾歆的揚子江水利考、梁盛志的漢學東漸叢考、顧頡剛、楊尚奎的三皇考、陶棟的歷代建元考、陳述的契丹史論證稿、陳寶泉的中國近代學制變遷史、陳里特的中國海外移民史、鄭鶴聲的史漢研究、章中如的清代考試制度資料和郭伯恭的永樂大典考。之所以重刊這批史學著作，是看到了它們在今天依然有其學術價值所在。作爲一份豐厚的史學遺産，值得我們去加以發掘和繼承。

從所選十六部史學作品來看，明顯打上了民國史學的時代烙印，體現了民國史學的時代特徵。首先，研究内容涉獵廣博。涉獵廣博，是民國史學的基本特點，反映了民國史家學術視野的開闊。選擇重刊的雖然只有十六部史著，涵蓋面卻非常廣博，有史學史方面的，如中國史學史、史漢研究；有學術史方面的，如漢學東漸叢考、永樂大典考；有教育史方面的，如中國近代學制變遷史、清代考試制度資料；有經濟史方面的，如中國田制叢考、揚子江水利考、清初流人開發東北史；有考古史方面的，如中國考古小史；有民族史方面的，如契丹史論證稿；有中外交往史方面的，如扶桑國考證、唐代日人來往長安考、中國海外移民史；還有名號、年號史方面的，如三皇考、歷代建元考等。這樣的全方位的歷史研究，是民國史學的一個縮影。

其次，治學方法重視考證。重視考證，是民國史學的顯著特點。在十六部史著中，除去魏應麒的中國史學史、衛聚賢的中國考古小史、陳寶泉的中國近代學制變遷史、陳里特的中國海外移民史、鄭鶴聲的史漢研究和章中如的清代考試制度資料等六部外，其他十部都是考史著作。涉及的考證領域很廣，有國名、田制、開發、交通、水利、學術、名號和學制等等。在具體考證上，重視方法的運用。如朱謙之的扶桑國考證，按照作者自己在自序中所説，該書是「從文獻學、民俗學、考古學三方面的史料搜集和批評的結果」，這裏既是講史料搜集問題，也是講歷史考證方法。又如陳伯瀛的中國田制叢考，作者也在自序中交代了其作史、考史方法：首在網羅放失，整輯舊聞；次在探究原本；三則覆核名實；四則辨正事蹟；五則鑒古度今。可見該書對廣占資料、辨證核實的重視。

再次，治學宗旨强調致用。經世致用，是民國史學的重要特點，抗戰以後的史學表現尤其突出。所選十六部史著，也體現了重視經世致用的特點。如陳伯瀛之所以要撰述中國田制叢考，按照作者的解説，是因爲田制與農人、社會和國家休戚相關。該書「敍引」就説，田制影響農人生計，農人生計又會影響到社會秩序與和平。又如鍾歆的揚子江水利考，作者在該書「敍言」中論述了撰述該書的原因：一方面民國以前揚子江鮮有水患，所以過去這方面的論著很少；另一方面民國以來的數十年間，揚子江水患頻發，國家需要計劃治理，而治理水災，就必須要先瞭解水文歷史。很顯然，該書是爲了治理揚子江水患的需要而撰寫的，經世意圖非常明顯。再如陳寶泉作中國近代學制變遷史，其實是蘊含了作者教育救國的思想於其中的。在該書自序中，作者明確指出學制與人才問題關係到國家興亡的根本。他有感於當時各國教育制度的日新月異，而中國卻没有關於教育制度的專書作比較，致使切合國情的新的教育一時無由發現。他撰寫該書的目的，便是希望通過總結近代中國學制的變遷，找尋出一種更加適合當時中國需要的新的學制。

最後，歷史見解精辟獨到。如朱謙之扶桑國考證考證扶桑國爲何處，這是對當時世界史學界討論的一個熱點問題的積極回應。自從一七六一年法國人歧尼（De Guignes）發表中國人之美洲海岸航行及住居亞洲遠東之幾個民族的研究，提出扶桑爲美洲墨西哥説以來，引起了世界史學界的長期大討論，基本觀點無非有肯定與否定兩種，否定中又有扶桑國爲日本和樺太的不同説法。朱謙之依據文獻、民俗和考古資料，比較了世界史學界諸説的異同和存在的問題，得出了扶桑即美洲墨西哥的結論，不但駁斥了扶桑非美洲説的觀點，而且對美洲説也作了補充論證，更有説服力。又如魏應麒的中國史學史的問世，按照作者的説法，是「前無作者」的史著，卻表現得非常成熟。該書對中國史學的特質與價值、史籍的位置與類别、史館建置與職守、史學發展之情形、史書體裁之發展、史學理論與方法之運用等等，都提出了自己的見解，即使在今天，也不失爲有創見的反映中國史學史的著作。又如顧頡剛、楊尚奎的三皇考，這是民國考證派史學的代表作之一。在該書中，作者對「皇」、「三皇」、「太一」等相關概念作了係統闡釋，對三皇説與太一説的消長及其相互關係進行了論述，對與三皇相關的伏羲、盤古、女媧等古聖王的地位變化作了考察，對三皇、太一在道教中的地位作了説明，對歷史上關於三皇的信仰與祭祀情況作了梳理，并且旁及河圖洛書、三墳五典等等内容。這樣一個係統的考察，旨在論證「三皇」傳説只是托古改制的産物，認爲民族自信力應該建立在理性上，而不是虚假的三皇上。書中闡發的觀點，在當時史學界有很大的影響。應該説所選十六部史著，都是作者的心得之作，這裏不一一贅言。

挖掘、清理和總結民國史學，對於我們全面認識和係統借鑒民國史學，推動新時期中國史學與史學思想的發展是很有裨益的。借此對主持重刊工作的山西人民出版社表達一個史學工作者的由衷敬意！

二〇一四年五月於北京師大京師園

注一　當代中國史學，遼寧教育出版社一九九八年版，第一百五十三頁

注二　史料論略及其他，遼寧教育出版社一九九七年版，第二百頁

注三　禹貢四卷十期，禹貢學會募集基金啓事

注四　陳智超陳垣來往書信集，上海古籍出版社一九九〇年版，第二百一十六頁

注五　國史大綱，商務印書館一九九四年版，第十一頁

注六　當代中國史學，遼寧教育出版社一九九八年版，第二頁

作者簡介

謝國楨（一九〇一年—一九八二年），字剛主，河南省安陽人。一九二六年考取清華學校研究院（國學門），主要隨梁啓超學習和研究，次年畢業。曾于國立北平圖書館、國立中央大學、雲南大學任職，新中國成立相繼在南開大學和中國科學院哲學社會科學部（後改爲中國社會科學院）歷史研究所任教和從事研究工作。一生在明清史、文獻學、金石學和漢代社會等領域都取得了令人矚目的成就，撰寫了清開國史料考、晚明史籍考（新中國成立又兩次出版了增訂本）、明清之際黨社運動考等重要著作和大量學術論文，編纂了清初農民起義史料輯録、明代農民起義史料選編、明代社會經濟史料選編等資料匯編。

目次

一 引論

回想九一八事變以前，我們從瀋陽坐火車到長春，或者到哈爾濱去，雖然在嚴冬的天氣，朔風撲面，滴水成冰，大雪紛飛，成了白茫茫的世界的時候，可是我們坐在火車上，坐位是那末樣的舒適，室內是這樣的溫暖，我們可以吃到旅大名產水果，和南方來的蜜橘，我們一點也感不到身在塞北。火車走過了好幾小時，已經到了黃昏的時候，遠望著寒氣侵襲雪光當中，閃耀好幾盞電燈，感覺著人煙非常的稠密，工業非常的發達，那便是四平街，過去不到一兩個小時，就到了東北有名的都會長春。如果我們還要往北行的話，可以由長春乘火車直達哈埠，這是東北著名的商埠，有「東方小巴黎」之稱，我們可以看到蘇僑的風俗和景物。東北，東北是吾國的寶藏，也是吾國工業、農業、商業和文化事業最有發展的地方。是怎樣的教國人所頌贊和豔稱。但是回溯到二百年或三百年以前，雖然是愛新覺羅氏發跡的聖地，但仍是絕塞荒原，人跡罕到的區域，關內的人民，一聽要到開原和寧古塔去，都要不寒而慄，何況那親歷冰天雪地的人們。的確在交通工具尚未設備，工商事業尚未建設以前，人們如何能受得了大自然的壓迫，遠征東北，眞是人們的厄途。正如吉林通志卷一百十五寓賢楊越傳上所說：

「是時寧古塔，號荒徼，人跡罕到，出塞渡湍江，越穹嶺，萬木排立，仰不見天。亂石斷冰，與老樹根相蟠互，不受馬蹄。朔風狂吹，雪花如掌，異鳥怪獸，叢哭林嗥，行者起踣其間，或僵馬上。」

這足以使聞者戒塗，行者卻步。但是不到幾十年的光景，淸廷把無辜的江南和河北的人民，硬加上罪名，拓荒流徙到東北去，繼之山東逃難的老百姓，和流亡的商人都跑到關外來，所以在不久的時光，道路也平坦起來，氣候也溫暖了許多，那時人民也有了禦寒的設備，南方的貨物也可以流轉到關外去。久而久之，昔日人民視爲畏途的東北，反成了吾國人民的樂園，撫今思昔，我們不能不感想到淸初無辜被罪，謫戍到東北去的流民，也可以說是東北的拓荒者。至於淸初謫戍，猶沿著明代充軍藉以實邊的制度，凡分遷徙、充軍、發遣三種。淸史稿刑法志二：

「明之充軍，義主實邊，不盡與流刑相比附。淸初裁撤邊衞，而仍沿充軍之名。後遂以附近，近邊，邊遠，極邊，煙瘴，爲五軍，且於滿流以上爲節級加等之用，附近二千里，近邊二千五百里，邊遠三千里，極邊煙瘴俱四千里，在京兵部定地，在外巡撫定地。雍正三年之律，第於十五布政司應發省分約略編定。乾隆三十七年兵部根據邦政紀略輯爲五軍道里表，凡發配者視表所列，然名爲充軍，至配並不入營差操，第於每月朔望檢點，實與流犯無異，而滿流加附近近邊道里，反由遠而近，司讞者每苦其紛歧，而又有發遣名目。初第發尙陽堡、寧古塔、或烏喇地方安插，後幷發齊齊哈爾、黑龍江、三姓、喀爾喀、科布多、或各省駐防爲奴。乾隆年間，新疆開闢，例又有發往伊犂、烏魯木齊、巴里坤、各回城分別爲奴種地者。……苟情節稍輕，尙得更赦放還，以視明之永遠軍戍，數世後猶句及本籍子孫者，大有間也。」

又淸會典事例卷七四四刑名例律：

「乾隆元年諭：黑龍江、寧古塔、吉林烏拉等處地方，若概將犯人發遣，則該處聚集匪類多人。恐本處之人，漸染惡習，有關風俗。朕意嗣後如滿洲有犯法應發遣者，仍發黑龍江等處。其漢人犯發遣之罪者，應改發於各省煙瘴地方。」

由淸史稿和會典事例參互看來，從淸順治初年到乾隆初年，凡觸犯淸廷的忌諱，有思想不良嫌疑的人們，都謫戍到東北去。所以淸初的思想犯，如吳兆騫、孫暘、祁理孫、楊越等都遣戍到尙陽堡、寧古塔各地方安插。到了淸乾隆而後，開闢了新疆，因之如徐松、洪亮吉等都謫戍到新疆烏魯木齊各地方去。至流人遷徙地方，道里的遠近，會典事例卷七四四名例律：

「十四年（順治）議定，凡賣錢經紀鋪戶，與販攙和私錢者，流徙尙陽堡。十六年諭，貪官贓至十兩者，流徙幕北地方。十八年定，凡反叛案內應流人犯，俱流徙寧古塔。康熙五年題覆准，侵欺錢糧婪贓衙役，遇赦援免後仍入衙門應役者，除死罪外，流徙寧古塔。十七年覆准，凡隱匿入官人口至五名，財物至五百兩者流徙寧古塔。十八年議定，凡軍罪及免死擬流人犯，俱安插於烏拉地方，其照常流犯，安插奉天地方。十九年議准，凡貪贓官役免死減等發落者，照例安插於烏拉地方，罪不至死而擬流者，流徙尙陽堡。」

大抵淸初流徙的罪人，其初不過充軍到瀋陽，後來由尙陽堡到寧古塔，最後乃發遣到黑龍江、齊齊哈爾等處。瀋陽爲淸之盛京，自然比別的地方較爲安適。至尙陽堡、寧古塔等地，愈往北愈爲荒徼。今先說尙陽堡。

尙陽堡在遼寧開原縣東四十里，一作上陽堡。雞林舊聞錄云：

「康熙時雲南旣平，凡附屬吳三桂之滇人，悉配戍於上陽堡。在今開原縣邊門外，滿語稱其地爲臺尼堪，尼堪漢人之謂。」

其次則爲寧古塔，在吉林寧安縣治，淸康熙五年建置將軍、副都統、泰寧縣、綏芬廳、寧安府於此，爲柳邊以外之最大都會。按淸之先世寧古塔貝勒，居今遼寧之興京一帶，分居六堡，故以爲名，見王氏東華錄，與吉林之寧古塔實非一地。其地較尙陽堡爲遠，淸初其地尙未開化，行人皆視爲畏途，無名氏研堂見聞雜記云：

「按寧古塔，在遼東極北，去京七八千里，其地重冰積雪，非復世界，中國人亦無至其地者。諸流人雖名擬遣，而說者謂至半道為虎狼所食，猿狖所攫，或飢人所啖，無得生也。向來流人俱徙尙陽堡，地去京師三千里，猶有屋宇可居，至者尙得活，至此則望尙陽堡如天上矣。」

除了尙陽堡、寧古塔而外，尙有下列數處：

〔鐵嶺、撫順〕 東華錄順治十八年五月丁巳鐵嶺撫順惟有流徙諸人。

〔伯都訥、齊齊哈爾〕 吉林彙徵謫戍人物考：李光遠淸初饒陽令，後以明崇禎三太子定王案株連，遣戍伯都訥。此案牽連餘人，同時發配寧古塔、齊齊哈爾。

〔船廠、黑龍江〕 吳振臣柳邊記略：康熙初又增船廠、黑龍江、幕北白登訥。即有發尙陽堡者，止居奉天府城，而尙陽堡為墟矣。

〔三姓〕 光緒會典事例七四四刑部名例律，康熙五十二年定：發遣人犯，暫停發齊齊哈爾、黑龍江等處，俱著發三姓地方。

〔索倫、達呼爾、拉林〕 讀例存疑六，名例下：謹按爾時（順治）之流徙，即後來之外遣也。嗣則有三姓、索倫、達呼爾，即黑龍江等處也。間亦有發遣拉林者。

不過上舉這些地方，以尙陽堡、寧古塔，被謫的文人，去的最多，所以最出名罷了。至於謫戍的流人，到東北去後，撥給各地駐防旗人為奴，或當苦差，不過有些讀書人偶然被將軍、都統看重，請他們去教書，自然比給披甲人爲奴要好得多了。其由北京謫戍至東北發遣的時期，東華錄康熙九年條云：

「二月癸未，諭刑部等衙門，向來實例流徙尙陽堡、寧古塔等處人犯，六月、十二月不行發遣，其餘月分俱發。今思十月至正月終，俱屬寒冷之時，流人多有貧者，衣裝單薄，無以禦寒。以罪不至死之人，凍斃道途，殊爲可憫。以後流徙尙陽堡、寧古塔人犯，十月至正月終，及六月俱停其發遣，餘月照常發遣。」

當時的流人，有時遇赦，可以由安插的地方，由遠及近；或者可以遇赦歸里，如吳兆騫得賦刀環，陳夢雷遇赦復用，但大多數的流人要邀恩赦，重返田里，非得納鍰贖罪不可，要是沒有錢，或沒有幫助的人，那是受到雙重的壓迫，恐怕輕易不容易回到故鄉。十朝聖訓康熙朝二八云：

「康熙二十一年五月壬子，上諭大學士等曰：流徙寧古塔、烏喇人犯，朕向來未悉其苦，今謁陵至彼，目擊方知。此輩既無房屋棲身，又無資力耕種，復重困於差徭。況南人脆弱，來此苦寒之地，風氣凛冽，必至顚踣溝壑，遠離鄉土，音信不通，殊爲可憫。雖若輩罪由自作，然發遼陽諸處安置，亦足蔽其辜矣。彼地尙有田土可以資生，室廬可以安處，且此等罪人，雖在烏喇等處，亦無用也。」

滿清時代，對於統治漢人，慣用這種把戲，尤其是康熙帝玄燁，用這種市恩的手段，所謂恩威並用，來愚弄這一般臣子，試觀東華錄上所載，那是屢見不鮮的。到了雍正乾隆兩朝，屢興大獄，搬弄這種毒辣殘酷的手段，更運用得靈活，扮演得可笑，猶如無母的孤兒，失羣的羔羊，任人宰割，這是人間的悲劇，不能免的事實。然而人民心中的裂痕，是永遠不能滅掉的。

當清廷的初年，他不是不畏懼清議，來彌補這條裂痕，他不是不想拉攏士大夫來調和民族抗滿的思想。他曾經兩開博學鴻詞科收買在野的士流來預修明史，他不是強迫顧亭林先生應徵清朝，致迫着顧先生說出來「刀繩俱在，無速我死」的話嗎？他又何嘗不慕關右的學者，傅靑主、李二曲、李天生諸君，迫得他們臥病不起，望闕謝恩嗎？這些是有名的碩儒，致引得高蹈不屈；至於一般平民，和伏處草野的士族，偶爾因爲言語不愼，致引起思想反動的行爲，重則殺身破家，輕則遠竄絕域，妻子流徙，甚至已經辱身出仕淸朝的人士，偶爾因極小的事故，也受到同樣的刑罰，眞是教人無所措手足。總括淸初士夫，流徙遼左，不外有下列幾個原因：

一、順治丁酉科場獄案　自從順治入主中國，已經有十餘年，河北和江南的士夫，稍稍出來，應試新朝。又因科場通關節的緣故，加以罪名，致遭慘禍，流徙遼左，吳兆騫、孫暘等，都是在這一案的人物。

二、清初史獄及文字獄　如南潯莊廷鑨私修明史獄及戴名世南山集獄，以及查嗣庭、胡中藻的文字獄，皆屬於這一類。

三、清初通海案　當清順治間，雖然平定中原；但是黔滇一帶永曆尙抗守南服，鄭成功蟠踞臺灣，在順治十八年間張煌言和鄭成功的兵，直窺鎭江，遠及蕪湖太平，當時江南人民欣欣望治，及事平之後，遷怒士民，誣以通海之罪，若祁理孫、楊越之謫戍遼海，就屬於這一類。

四、平定三藩案　三藩旣平之後，凡附屬吳三桂之滇人，悉配戍於尙陽堡。凡與三藩通謀之人若陳夢雷、金鏡、田起蛟、李學詩等，俱從寬免死，發給披甲新滿洲爲奴。

五、清順治間之朋黨案　清初滿漢本不融洽，滿洲人與滿洲人爲黨；而漢人、北人與南人各自爲黨，馮銓爲北人之黨，陳名夏、金之俊、陳之遴爲南人之黨，彼此攻訐。名夏被誅，之遴之謫戍遼左，卽屬於這一類。

六、雍正間年羹堯隆科多獄案　自從康熙廢立儲君，雍正入繼帝位，不久就有年羹堯和隆科多獄案發生。隆科多禁錮終身，其子玉柱發往黑龍江當差，門生故吏，若汪景祺、查嗣庭，被罪論斬，妻子兄弟發往寧古塔爲奴，就屬於這一類。

綜上六點，流徙的人士，不是尙陽堡，就是寧古塔，後來又發往黑龍江爲奴。以上所舉，不過其犖犖大者，至於羅舉細故，橫遭物議，正不知有多少含曲被放的人們，偶然一個消息傳來，朋友們都驚惶失措，仰屋生悲。至於緹騎到門，張皇就道，老母痛哭，妻子牽衣，更不知有怎樣淒慘的景象。其幸而得賦生還者，若祁理孫、吳兆騫諸君，固足深堪慶幸；若埋骨荒山，永戍不返者，恐怕更難以縷舉！若是我們一翻開遼東的士族家譜，便有不少的往哲，是他們的先人。可是哲人往矣，然而無名英雄的不朽精神，和吾國華族的光榮，永遠流傳在吾國光耀的東北！

我想寫這篇文字，是啓發於陳援庵先生明季滇黔佛教考一書，本想博參羣籍作一點較精湛的考證；但是旣來海上，手間無書，一天價忙忙碌碌，東奔西跑，找不到幾種參考的書籍，更談不到精湛的作品了，蓄志已久，苦不能動筆，於是在百忙中間，草成這蕪雜的文字，須知我不是坐在象牙之塔裏面，而是寫於車走雷聲的十字街頭，略抒己見，獻給社會，作一個概觀罷了。

二　僧函可謫戍瀋陽

明崇禎十七年甲申，就是淸順治元年，李自成陷破了北京，吳三桂請援，引得淸兵直入京師，重演外族再統治中國的局面，那時人民紛紛南下，福王卽位於南京，支持了半壁天下，可是到了第二年，淸兵直搗南京，福王北狩，燒殺擄掠，把南京糟蹋得不像樣子，住在南京的人民，東藏西躱，一日數驚，眞是沒有安生的日子。有一天晚間，在城南鄉紳顧夢游的樓上，擒住了一個從廣東來的和尙，法名叫作函可。說他行爲不檢，私造目睹國變死難諸臣的私史，詆諆淸朝，大爲不敬，百般拷打，械送京師，下了刑部監獄，問定了罪名，得以減死遣戍瀋陽，那可算受到史獄之禍，遠戍東北第一個人了。

說起函可來，他本是廣東的仕家子弟，法名函可，字祖心，號剩人，博羅人。俗家本姓韓名宗騋。他的父親名日纘，是明萬曆丁未進士，官至禮部尙書，卒諡文恪，家門鼎盛，是嶺南的望族。他自幼就好義勇爲，智慧充足，自從他父親死了以後，還是在崇禎年間，他纔二十九歲，見國是日非，遂與番禺曾起莘，同參禮道獨於羅浮華首道場。道獨上人字宗寶，法號空隱上人，本南海陸氏子，年二十九，入博山參無異禪師，得其眞傳，爲曹洞三十二傳法嗣。宗騋、起莘，仰慕他的大法，都投奔皈依到他老人家的門下，道獨令他參趙州無字禪。宗騋獻頌曰：

「道有道無老作精，黃金如玉酒如澠。門前便是長安路，無向西湖覓水程。」

自從參了這個禪偈以後，對於事理，融會貫通，無不深解。他們兩個人都隨道獨入匡山下髮，道獨錫給他法名叫作函可，而起莘則叫函昰。到了崇禎甲申，聞到國變的消息，悲慟見於辭色，後來聽說福王立國南京，他馬上跑到南京，以請藏經爲名，住在江寧顧夢游的樓上，他親眼看見南京失守，忠烈臣民死難的情況，慘不忍睹，乃作了一編私史，可巧就被巡邏的捉到，幸而沒有損害了性命，就把他充軍到瀋陽去了。

我們再提起函昰，自從傳受了道獨的大法，他雖是禪褐子，但是秉性忠鯁，仍忘情不了國是，他目擊世變，起義的起義，成仁的成仁，他想以釋家的力量，來做掩護的工作。他初爲僧住歸宗寺，避亂居西樵，後又居雷峯，開堂收徒，援引善類，所立規矩，整齊嚴肅。他收的弟子都是以「今」字排名，粵中的士夫以及平民，皈依大法，做他的弟子的，眞是不在少數。九龍眞逸勝朝粵東遺民錄卷四上說：

「函昰雖處方外，仍以忠孝廉節垂示，以故從之遊者，每於死生去就，多受其益。」

這眞是實錄，他在歸宗寺的時候，與嘉魚熊開元，新城黃端伯，休寧金聲游，以禪悅相契，由此可以看見他的旨趣。後來主持雷峯，時局糟得更不成樣子，一般忠臣烈士都皈依到他的門下。如桂王的給諫仁和金堡，以直節著名，自謫淸浪衞時，已削髮爲僧，及禮函昰，他爲之易名今釋，親爲之滌器廚下，雖在隆冬，龜手，不廢服勤。今釋後來創丹霞名刹，乃迎延昰，爲之主法，函昰遂付他大法，爲第三法嗣。後來到了乾隆年間，爲兵備道李璜所告訐，遂有焚寺磨骸之命，廟中的五百個和尚也被慘殺了。其他如鄧州李充茂，捨丹霞舊宅爲寺，祝髮爲僧，錫名今地。桂王中丞西安劉湘客爲五虎之一，也事函昰，錫名思圓。杭州名士陸圻麗京，他曾罹了莊氏史獄來遊粤中，皈依函昰，易名今竟，其他皈依函昰門下的信徒爲數尤夥，不能悉舉。函昰以名孝廉與函可同時出家，人都以爲奇怪，到了後來，時局鼎沸，一時縉紳遺民，多出其門，他抱有深刻的意義，那時人人都佩服他。

函可自從被罪流徙瀋陽，他仍戒持靜律，不到幾年以後，福王、唐王全被淸兵擊破，魯王監國舟山，也沒有偉大的力量，來興復殘局，那時張家玉、陳邦彥、韓如璜等起兵於廣州九江鄉中，也如曇花一現，同歸於盡，函可的弟弟宗麟、宗騄、宗驪，與張家玉響應，起兵殺賊，不幸全家殉難，連寡姊幼妹都死於非命，消息傳來，他是如何的悲痛，他曾做了幾首悲歌，最警的句子有：「地上反奄奄，地下多生氣。」其悲憤之語，家國之痛，溢於言表。那時瀋陽人士都很器重他的品格，於是大闡法教，由普濟，歷廣慈、大寧、永安、慈航、接引、向陽凡七座大剎，收了法徒約六七百衆。

是時函昰正開山雷峯，而函可也廣揚釋教於瀋陽，與函昰雖嶺海遠隔，而聲氣相通，函昰聚集東南的遺民，函可在瀋陽，也有許多被譴謫士夫，朝夕相依，探討心性，勝朝粵東遺民錄卷四云：

「時譴謫諸臣，若萊陽左懋泰，霑化李呈祥，壽光魏琯，定州郝浴，泰興季開生及李龍袞、陳心簡輩，始以節義文章相慕重，後皆引為法交，函可因招諸人為冰天詩社，凡三十三人，自稱榼攞和尚，其稱北里先生者即懋泰也。」

這一些人物，除了左懋泰為左懋第之弟，懋第北使燕京，不屈死節，懋泰曾投降李自成，後又歸順清朝，懋第不承認是他的兄弟。其餘諸人，均為貳臣，見於清史稿和盛京通志。

據清史稿所載：李呈祥字吉津，山東霑化人，明崇禎進士選庶吉士，順治初授編修，累遷少詹事，以條陳部院衙門應裁去滿官，專用漢人，下刑部獄免死流徙盛京。魏琯字昭華，山東壽光人，明崇禎間進士，官御史，順治初以薦起原官巡撫甘肅，請免治私縱逃人奪官，流徙遼陽，卒於戍所。清史稿有傳，文長不錄。至郝浴，盛京通志卷三十九云：

「郝浴字雪海，定州人，順治己丑進士，任四川巡撫，守保寧城，破賊有安蜀功，因參吳三桂，謫戍鐵嶺，讀書講學，無間寒暑，註周易解，士人宗之爲復陽先生。」

可是由這兩家的從遊人物看來，函昰在嶺南所收的門徒，多爲明季忠烈之士；而函可在瀋陽所結交的，多爲淸初譴謫諸臣，亦因時地不同，故所交往之人，亦因之而異。但半是降志辱身，骨鯁之人，他們兩人的胸懷，志在規復危局，不言而喻，都可以明瞭了。未幾吳兆騫漢槎，謫戍寧古塔，路過瀋陽，拜謁上人，非常的佩服，奉贈函師五十韻，有：「空法原無住，窮荒任所投，狼河雲漠漠，馬窟雨瀌瀌，掃雪開禪徑，披沙問幘溝，一乘化鐵騎，半偈化韋韝，白雀飛仍集，青蠅弔可休，半生遼海月，幾度朔邊秋」諸句。其推崇備至，可以想見。他的族弟名宗禮字掌邦者從匡山謁栖賢師曾寄函可七律二首，原詩云：

「碧山風雨長離憂，湖海煙塵恨未收。有客扣鐔歌六月，何人擊楫渡中流。數聲鼓角斜陽暮，兩地飛鳴旅雁愁。庾信江南哀不斷，更堪王粲賦登樓。

「經旬雷雨蛟龍起，入夢雲生虎豹屯，四海羽書飛白日，十年戎馬躍中原，但聞蘇武辭金闕，不見班生入玉門，紫塞黃榆千萬里，瀋陽花月欲銷魂。」

這兩首詩寓意深遠，做得非常的好，恐怕也是明末的遺民。他從順治初年到瀋陽，一直到順治末年，住了有十餘年之久。有一年冬天他召集他們的徒衆說了許多偈語。他說：

「發來一個剩人，死去一具臭骨，不費常住柴薪，又省行人挖窟，移向渾河波裏，赤骨律祇，待水流石出。」

他說完了這個偈語，就坐化了。時爲順治己亥冬月，年僅四十有四。著有千山語錄，千山詩集二十卷，補遺一卷，入禁書總目，流傳甚罕。

三　順治丁酉科場獄案與吳兆騫孫暘等之流徙

明季士大夫的風氣，最喜歡結社，在明天啓崇禎年間，他們詩酒流連，揣摩文章，時尙的風氣，作爲考試中選的準備。既至滿清入主中國，眼看着國破家亡，中原板蕩的景象，他們一變而爲抗清的運動，而成了政治革命的組織。淸廷看淸了這一般士子喜歡應舉的弱點，在順治初年，連年開科，來拉攏這一般書呆子。到了順治十年以後，江南的地域，已歸入滿淸的版圖，明代的後裔僅局促在滇黔一點的地方，那些貞艱的遺民，仍是躲在荒江老屋裏，投老悲吟，設若遇見機會，還是要作抵抗的運動，可是有一部分的人，已經到淸廷去應舉了。從事新朝的縉紳和在野的士子，不免要互通聲氣，的確也作了不少營救維護的工作，（據杜登春社事始末）到了順治十四年，河北和江南的士子，正擬應試的中間，便發生了最不幸科場通關節的案子，從順天鬧起，再到江南以及河南山東山西，無不受了科場案件之累。吳梅村年譜引汪堯峯文鈔：

「壬辰（順治十二年）權貴人與考官有隙，因事中之，於是科場之議起。指摘進士首名程周量經義被黜，科場之議，日以益熾，其端發於是科，而其禍及於丁酉，士大夫靡爛潰裂者，殆不可以勝計。」

如今先說順天的北闈，王先謙東華錄：

「順治十四年十月甲午，先是給事中任可溥，參奏北闈榜放後，聞中式舉人陸其賢，用銀三千兩，同科臣陸貽吉，送考試官李振鄴、張我樸，賄買得中，北闈之弊，不止一事，乞皇上集羣臣會訊。事下吏部都察院嚴訊，得實奏聞，得旨，貪贓壞法，屢有嚴諭禁飭，科場為取士大典，關係最重，況輦轂重地，繫各省觀瞻，豈可恣意貪墨行私，所審受賄，用賄，過付種種情實，目無三尺，若不重加懲處，何以警戒來茲。李振鄴、張我樸、蔡元禧、陸貽吉、項紹芳，舉人田耜、郎作霖，俱著立斬，家產籍沒，父母妻子，俱流徙尚陽堡。主考官曹本榮、宋之繩，著議處具奏。」

是案屢經審訊，至十五年正月順治帝親加覆試，取得米漢雯等一百八十二名仍准會試，其餘通關節諸犯，責罰有差。東華錄：

「四月辛卯，論刑部等衙門，開科取士，原為遴選眞才，以備任使，關繫最重，豈容作弊壞法，王樹德等，交通李振鄴等，賄買關節，紊亂科場，大干法紀，命法司詳加審擬。據奏王樹德、陸慶曾、潘隱如、唐彥曦、沈始然、孫暘、張天植、張恂，俱應立斬，家業籍沒，妻子父母兄弟流徙尚陽堡。孫伯齡、郁之章、李貴、陳經在、邱衡、趙瑞南、唐元廸、潘時升、盛樹鴻、徐文龍、查學詩，俱應立斬，家產籍沒。張旻孫、蘭茁、郁喬、李蘇霖、張繡虎，俱應立絞。余贊周應絞，監候秋後處決等語。朕因人命至重，恐其中或有寃枉，特命提來，親行面訊。王樹德等俱供作弊情實，本當依擬正法，但多犯一時處死，於心不忍，俱從寬免死，各責四十板，流徙尚陽堡。餘依議。董篤行等本當重處，朕面訊時，皆自認委係溺職，姑從寬免罪，仍復原官。曹本榮等亦著免議。自今以後，凡考官士子，須當恪遵功令，痛改積習，持廉秉公，不得以此案偶蒙寬典，遂視爲常例，妄存倖免之心，如再有犯此等情罪者必不姑宥。」

北闈科場之獄，起於順治十四年十月，同時便有南闈科場獄的發生。東華錄：

「十四年（順治）十一月壬戌，給事中陰應節，參奏江南主考方猷等，弊竇多端，物議沸騰。其彰著者，如取中之方章鉞，係少詹事方拱乾第五子，懸成，亨咸，膏茂之弟，與猷聯宗有素，乘機滋弊，冒濫賢書，請皇上立賜提究嚴訊。得旨，據奏南闈情弊多端，物議沸騰。方猷等經朕面諭，尚敢如此，殊屬可惡，方猷、錢開宗，並同考試官，俱著革職，並中式舉人方章鉞，刑部差員役速拿來京，嚴行詳審。本內所參事情，及闈中一切弊竇，著郎廷佐速行嚴查明白，將人犯拿解刑部，方拱乾著明白回奏。」

次年三月庚戌，順治帝親加覆試江南舉人，取得吳珂鳴三次試卷，文理獨優，特准同今科會試中式，一體殿試。其汪溥勳等七十四名，仍准作舉人，至試不中程，確有弊端者，俱著革去舉人，一體治罪。東華錄：

「十一月辛酉，刑部審實江南鄉試作弊一案，正主考方猷擬斬，副主考錢開宗擬絞，同考官葉楚槐等擬責遣尚陽堡，舉人方章鉞等俱革去舉人。得旨：方猷、錢開宗差出典試，經朕面諭，務令簡拔眞才，嚴絕弊竇，輒敢違朕面諭，納賄作弊，大爲可惡。如此背旨之人，若不重加懲治，何以警戒將來。方猷、錢開宗，俱著卽正法，妻子家產，籍沒入官。葉楚槐、周霖、張晉、劉延桂、田俊民、郝惟訓、商顯仁、朱祥光、文銀燦、雷震聲、李上林、朱建寅、王熙如、李大升、朱蒞、王國楨、龔勳，俱著卽處絞，妻子家奴，籍沒入官。已死盧鑄鼎，妻子家產，亦籍沒入官。方章鉞、張明薦、伍成禮、姚其章、吳蘭友、莊允堡、吳兆騫、錢威，俱著責四十板，家產籍沒入官，父母妻子，併流徙寧古塔。程度淵在逃，著令總督郎廷佐、亢得時等，速行嚴緝獲解，如不緝獲，伊等受賄作弊是實。爾部承問此案，徇庇遲至經年，且將此重情，問擬甚輕，是何意見，作速回奏，餘如議。」

北闈所株累者，多爲南方人士；可是南闈荼毒人士，則又倍蓰於北闈。北闈不過被戮了兩個房考，且法官擬重，而特旨改輕以市恩，南闈則特旨改重，且罪責法官，十八房考官均皆絞決，至於被罪的士子，罪及婦孥，更是慘不忍睹。然當時士子，沿著明代的積習，行賄通關節，實在鬧得不成樣子，當時江寧書坊店裏刻了一部傳奇名萬金記，以方字去一點爲萬，錢字去邊旁爲金，指二主考的姓而言，備極描寫行賄和通關節的狀態。尤西堂侗又作了一部傳奇，名鈞天樂，顯指通關節的事情，傳布很廣，甚至淸廷都知道了，遂成了謗書，不過當時的士子，也太不知檢點了。其時河南山東山西等闈，也有同樣的情形。東華錄：

「十四年（順治）十二月壬申，給事中朱紹鳳劾奏河南主考官黃鈊、丁澎，進呈試錄四書三篇，皆由己作，不用闈墨，有違定例。且黃鈊居官，向有穢聲，出都之時，流言嘖嘖，又挾特銓曹，恣取供應，請敕部分別處分。得旨：黃鈊著革職嚴拿察究，丁澎亦著革職察議。」

又東華錄：

「十五年七月，刑部議河南主考黃鈊、丁澎，違例更改舉人原文作程文，且於中式舉人硃卷內，用筆墨添改字句。黃鈊又於正額供應之外，索取人參等物，黃鈊應照新例籍沒家產，與丁澎俱責四十板，不准折贖，流徙尚陽堡。命免鈊澎責，如議流徙。」

順治丁酉年的科場獄案，遍及了江南河北以及山東、山西、河南各省。株連了不下數十百家，其中如吳兆騫、孫暘、陸慶曾諸君，有不少的江南知名之士，獨因吳兆騫的才華照耀，和吳梅村、顧梁汾的幾首詩詞，慷慨悲歌，卒因引起了朝中士大夫的同情，捐資營救，得賦生還，遂把這案子煊染得有聲有色，成了清初可歌可泣的一件故事！如今我便敍述這案中最有名的吳兆騫。

兆騫，字漢槎，吳江人，從小的時候，就有才名。父燕勤以進士做永州推官。兄弟六人，長兄弘人名兆寬，次兄聞夏名兆夏，均爲一時眉目。當他十三歲時，從其父過潯陽，到湖南去，看見洞庭湖的波濤洶湧，山川奇偉。做了湘險詩六首，如云：

「二月逢寒食，三年寄短亭。山空春雨白，江迴暮潮青。芳樹連巫峽，歸鴻落洞庭，嚴城有刁斗，蕭瑟未堪聽。」

他的哥哥兆寬，非常的稱讚他。他又作一篇膽賦，他的老師計名，也很賞識他說：「此子異時有盛名，然恐不免於禍。」因爲年少恃才傲物，老輩總是這樣規勸的。在漢槎少年時候，正是士子喜歡結社的風氣，盛極一時，在江南則有復社、幾社，浙江則有讀書登樓諸社，一時名士，都入社盟，漢槎在吳江，也結了愼交社，陳去病五石脂云：

「漢槎長兄兆寬，次兄兆夏，才望尤夙著，嘗結愼交社於里中，四方名士咸翕然從之，而吳門宋旣庭實，汪苕文琬，練川侯研德玄，陸圻麗京，同邑計改亭東，顧茂倫有孝，趙山子澐，尤爲一時之選。當愼交社極盛之際，苕文嘗來吳江。一日漢槎與之出東郭門，徘徊垂虹橋，忽顧視苕文，引袁淑對謝莊語曰：『江東無我，卿當獨步。』其放誕如此。」

因此漢槎也遭了不少人的嫉妒。不久清兵南下，明社爲屋，一個讀書人，總免不了有家國之思；況是賦性激昂，眞情流露的吳漢槎，他更有說不出來的一種悲感，可惜他的文集，缺落大半，無從找出長篇的證據，但是字裏行間常發出鬱抑不平之氣。他曾託名劉素素作虎邱題壁二十絕句，前面有序云：

「妾劉素素豫章人也，少隨阿母育於外氏，長姊倩娘，雅工屬文，刺繡之暇，每教妾吟詠，自是閨閣之中，屢多酬和。丁亥之歲，姊年十八，嫁於某氏。妾時十六，髮始總額，阿母以妾許聘於同郡熊生，生一時貴公子也。是年豫章大亂，妾隨母氏避亂山中，旣而北兵肆掠，遂陷穹廬，痛母姊之各分，念家山之入破，肝腸寸斷，血淚雙垂，薄命如斯，真不滅土梗浮萍。今歲某從役浙中，彼人以戎事滯跡白門，因停舟吳閶門外，以俟其來。兀坐蓬窗，百愁總集，因覓紙筆，作絕句二十首，以寫其哀怨之思。夜半詩成，竊與侍婢泛舟虎邱，弔貞孃之墓，因黏詩寺壁，欲與吳下才人，共明妾意。嗟乎，峽裏猿聲，鏡中鸞影，千古哀情，在此詩矣。」

北兵肆掠，遂陷穹廬，是寫得如何的沈痛，也可以表明他不得已的心跡，思欲一奮的旨趣。此詩寫於順治丁酉以前，想不到竟成了讖語。到了順治十四年，漢槎出來應江南鄉闈，不幸就遭了奇禍。當時凡有通關節嫌疑的士子，順治帝猶以市恩的緣故，叫他們都到北京中南海瀛臺親加覆試，覆試時舉子仍是帶著刑具，和犯人一般，每舉人一名，命護軍二員，持刀夾兩旁作嚴厲的監視，與試的舉子，悉惴惴其慄，幾不能下筆，如何能做得起文章。漢槎很憤慨的說：「焉有吳兆騫而以一舉人行賄的嗎？」遂交了白卷，皇帝自然要生氣，凡不中試的舉人，都把他們打了四十大板，充軍到寧古塔去！並且把他們的父母兄弟妻子都連同謫戍，這樣子看他們還胡鬧不胡鬧。以文弱的書生，受了這種重創，眞是父母悲啼，妻子牽衣，北京的親戚朋友，聽見都要落淚。幸虧漢槎的朋友們替他斡旋，父母兄弟總算沒有遣戍，祗有他的夫人葛氏同他到東北去，至順治十五年戊戌八月漢槎單衣就道（他的夫人隨後去的），那時京中的好朋友，就慷慨的送他出關，尤其關心國是、熱情詩人吳梅村偉業，做了一首長歌：「悲歌贈吳季子」送他，（見下）眞寫得悲憤慷慨，淋漓盡致，其餘若徐乾學也有懷友遠戍詩，其第二首云：

「已甘罪譴戍荒蹊，又發家人習鼓鼙，孟博暫能隨老母，子卿猶得見生妻。鶺鴒原上聞猿嘯，雞鹿山前聽馬嘶，夢裏依稀歸故國，千重關隘眼中迷。」

實則漢槎的父母並未遠戍，亦不幸中的幸事。他謫戍關外，跋涉山川，受了無限的辛苦，中還經老羌（卽俄羅斯國）之役，要往北徙烏喇地方出差當兵，可是寧古塔將軍巴海，非常器重他，請他爲其子授經，從遊甚衆。後來夫人葛氏，也來到戍所，在康熙三年甲辰十月生了一個兒子，小名叫蘇還，取蘇武可以還鄉的意思，就是後來著寧古塔紀略的吳振臣。寧古塔地方，雖然寒冷，但是出產非常豐富，山蔬野蔌，都很精美，他與那些南方來的遷客，詩酒酬唱，倒也不很寂寞，久而久之，就習慣起來。吳振臣寧古塔紀略云：

「予父惟館穀爲業，負笈者數人，諸同患難子弟，爲陳昭令，葉長文、孫鋐宗、鋐章、許丙午、林中貞、田景園及呂氏昆季。」

那些謫戍的朋友，意氣激昂，縱酒放歌。結文字之交者，便有張縉彥等爲七謫之會。盛京通志卷一百十五寓賢云：

「七謫者，縉彥字坦公，目爲河朔英靈，有江左風味。江寧姚琢之，詩如春林翡翠，時炫采色。湖州錢虞仲方叔丹季兄弟，才筆特妙。震澤錢威，字德維，亦舉人，與兆騫同謫者，議論雄肆，詩格蒼老，此外山陰楊友聲，兆騫謂鐵面虬髯，詩甚清麗。泰州陳編修志紀字雁羣，以上書謫戍，與兆騫情致殊深，唱酬亦富。而從受學者，閩人陳光啓字昭令，秀而嗜學，兆騫謂爲北州少年之冠。兆騫又言，與龍眠父子（方拱乾父子）談詩論史，每至夜分。謫籍無徵，知泯沒者多矣。」

又振臣十四歲時，其父漢槎爲聘葉馨之女，馨字明德，四川巴縣人，甲午解元，任雲南大理府理判，與吳三桂忤，流竄寧古，亦謫戍中的佳者。他是久留戍所，雖受巴海的優待，亦受到無數的坎坷，況且他的父母在堂，還在故里，江南塞北，兩地茫茫，家國之懷，縈於心目，生還玉門的心情，時時刻刻沒有忘掉。近來合衆圖書館有影印本：歸來草堂尺牘，是漢槎與他父母的家信，還有秋笳集卷八戊午十二月十一日寄顧舍人（貞觀）書敍述他謫戍中的苦況，非常的親切，故不憚煩摘要錄在下面，歸來草堂尺牘七月二十一日書云：

「今年正月初五日，副都統因大將軍臥病，忽發遣令，遣兒與德老兩家，立刻往烏喇地方，此時天寒雪大，又無牛車帳房，賴孫許兩家，合力相助，纔得動身，其室中什物，盡寄孫家，兒與媳婦，以初六平明起身登車，雪深四尺，苦不可言。山草皆爲雪掩，牛馬無食，只得帶豆料而行，一車所載不過三百斤，兒與媳婦孫子，復坐其上，除被褥之外，一物不能多載，行至百里，人牛俱乏，賴湖州錢方叔復借一牛車，沈華妻與吳御始免步行。頭一日沈妻及吳御因無車坐，以銀一兩，僱路旁人車，若過沙林則千里無人，雖有銀，亦無處可僱矣。行至三日，將軍命飛騎追回，倘再行兩日，到烏稽林，雪深八九尺，人馬必皆凍死，將軍眞再生之恩也。兒輩纔回家，將軍卽差管家慰問路上辛苦，兒與德維，進見拜謝其恩。此番往返雇人推車，及路上盤費，又去十餘金，眞所謂雪上加霜也。」

這次派謫戍流人到烏喇地方當差，係爲與老羌（俄羅斯）備戰，演習水戰，所當差使，共有三項：一水營，二莊頭，三壯丁，這三件都是苦差，俱在死數。漢槎因有將軍巴海的照顧，漢槎以捐款認修太常寺衙門倉房四十間的工程，得免於征徭。卽漢槎所以能生還者，亦因納鍰，纔可以回來，可見淸初的政治，無處不在要錢；若無錢的流人，困苦而死者又不知多少。歸來草堂尺牘云：

「舊史陳敬尹在將軍家，教他的兒子，然亦選入火器營管炮。至若山陰祁奕喜、李兼汝、楊友聲，宜興陳衞玉，蘇州楊駿聲同年，伍謀公，皆作水兵，往烏喇去矣。惟兒與姚錢兩年兄，因係認工，暫且照舊，等候文書回來定奪，倘若不准，明年必入官莊矣。兒思家中貧乏，工程實難承認，然不認工，必死無疑。」

由此兩封家信中看來，可以知道淸廷對於謫戍人等之虐待，於是他不得不想到京中的舊友，顧貞觀、徐乾學，這一輩老友，向他們請援。秋笳集卷八寄顧舍人書云：

「嗟乎我兩人契托，正復何等，越禽代馬，各在一方，僅從一紙音書，敍二十年離索，人生到此，能不淒涼。弟朔漠羈蹤，兄定未曉，今略書梗概，俾兄知之。弟以己亥夏出榆關，抵瀋水之陽，海昌相國（之遴）欲留弟共居一年，瀋帥不許，瀕行時，其令子子長贈我車馬衣裘，六月二十一日渡松花江，時暑甚，因浴於江，遂得寒疾，著氈衣騎馬，行大雨中，委頓欲絕。抵大烏稽，送吏以弟垂篤，特憩三日，同行者皆謂不起，忽夢準提而愈。七月十一日至戍所，戍主以禮見待，授一椽於紅旗中，舊遷客三四公，皆意氣激昂，六博閧棋，放歌縱酒，頗有友朋之樂。然一身飄寄，囊空半文，賴許總戎康侯，孫給諫汝賢，解衣推食，得免飢寒。癸卯春弟婦來攜二三婢僕，併小有資斧，因以稍給。甲辰春幕府以老羌之警，治師東伐，令流人强壯者，供役軍中，文弱者歲以六金代役，於是石壕村吏，時聞怒呼，無昔日之優遊矣。乙巳以授徒自給，其夏張坦公先生（縉彥）集秣陵姚琢之，苕中錢虞仲方叔丹季兄弟，吾邑錢德維及鄙人為七子之會，分題角韻，月凡三集，窮愁中，亦饒有佳況，其後以戍役分攜，此會遂罷。戊申蒙恩紳袍特許優復，弟遂得為塞外散人。……庚戌諸徒皆散，而歲復早霜，米石十金，副帥安公，雅重文士，憐弟之貧，以米相餉；而合肥先生，及蓟溪、玉峯復有見貽，於是翳桑餓人，幸免溝壑。癸丑，大帥移鎮兀喇，遂失此館，然執經者，亦不乏人，所以僅供薪水耳。弟年來摇落特甚，雙鬢漸星，婦復多病，一男兩女，藜藿不充。囘念老母，煢然在堂，迢遞關河，歸省無日，雖欲自慰，祇益悲辛。課徒之暇，間有吟詠，正如哀雁寒螿，自鳴愁恨，安敢與六代三唐競其優劣哉。前歲原一札來，索鄙製，云欲刊布，弟深感其意，特寫致之，可三百餘篇，塞外之亂，蒼黃中失五古七絕二種，悵恨殊甚，今當再抄一冊於四五月間寄覽。彈指如靈和楊柳，韶倩堪憐，又如衛洗馬言愁，令人憔悴，兄筆墨如此，少游、美成，更當何處生活。別兄二十年，對此如重覩風流，弟出塞時，未攜詞譜，今得此集，便當按調爲之，正恐壽陵之步，未易學耳。弟悲怨之深，雖三峽猿聲，隴頭流水，不足比我嗚咽，穹廬愁坐，極目蕭條，夏簟冬缸，淚痕潛拭，安得知我憐我如華峯者，與之促席連牀，一傾憒臆乎！弟患難之交，陳子長（之遴之子）最篤，但隔在遼海，不得相見，此君風流文采，不減華峯，意氣亦復相類，惜其無命，流落而死，爲之痛心。龍眠父子，與弟同謫三年，情好殷摯，談詩論史，每至夜分。自彼南還，塞垣爲之寂寞。錢德維議論雄肆，詩格蒼老。山陰楊友聲，鐵面虬髯，而詩甚清麗。苕中三錢，才筆特妙；不意大者有山陽之痛，而小者復爲濮陽之匿。姚琢之詩如春林翳翠，時炫采色，陽羨陳衛玉善諧笑工圍棊，亦嫣秀可喜，弟時與之弈，今弟之棋，視丙申五月在澄江與華峯賭局時可高六七子許。坦公河朔英靈，而有江左風味。雁羣與弟情致特深，唱酬亦富。未歿前數日，即屬弟在其榻前作行狀，人琴之悲，至今猶哽。敝門人閩中陳昭令名光啓，秀而嗜學，北州少年，此爲之冠，與弟居止接近，擁爐啜茗，靡夕不供也。此皆弟塞外文章之友，因兄垂訊，聊復及之。前者婚約爲李姨所阻，深用悵歎，承復有幼女之約，極荷雅意，果得生還，則我女兄之子婿也，又何他云！嗟乎，此札南飛，此身北滯，夜闌秉燭，恐遂無期，惟願尺素時通，以當把臂，唱酬萬里，敢墜斯言。」

這封信寫得情文並至，感慨悲惻，讀了任何人都要感動；何況顧梁汾是漢槎最要好的朋友，怎樣能不給他作奮勇的援助。漢槎還有一篇給徐乾學的信，惜集中不載。梁汾得到這封信，馬上就作了兩闋金縷曲詞，以詞代書，寄給漢槎。詞曰：

「季子平安否？便歸來，生平萬事，那堪回首！行路悠悠誰慰藉，母老家貧子幼。記不起從前杯酒。魑魅搏人應見慣，總輸他覆雨翻雲手。冰與雪，周旋久。淚痕莫滴牛衣透，數天涯依然骨肉，幾家能彀？比似紅顏多薄命，更不如今還有；只絕塞苦寒難受。廿載包胥承一諾，盼烏頭馬角終相救。置此札，君懷袖。」

第二首云：

「我亦飄零久！十年來，深恩負盡，死生師友。宿昔齊名非忝竊，試看杜陵消瘦，曾不減夜郎僝僽，薄命長辭知己別，問人生到此淒涼否？千萬恨，爲君剖。兄生辛未我丁丑，共些時冰霜摧折，早衰蒲柳。詞賦從今須少作，留取心魂相守；但願得河清人壽。歸日急繙行戍稿，把空名料理傳身後。言不盡，觀頓首。」

那時太傅明珠的兒子成容若夙知漢槎的才華，又是與顧貞觀梁汾要好的朋友，梁汾就託容若給漢槎幫一點忙，說幾句好話，還未及答應。很巧看到梁汾給漢槎的金縷曲兩闋，他感動得幾乎要落淚了，這可見有血性的文字最足以動人，漢槎寄顧舍人書和梁汾這兩首詞，遂成了文學上不朽的傑作。容若馬上說：「山陽思舊之作，都尉河梁之什，並此而三矣，此事三千六百日中，弟當以身任之。」梁汾愛朋友的心切，還嫌他慢，就說：「人壽幾何？如能以五年爲期，把漢槎救出來怎麼樣？」容若很慷慨的答應了他。

可巧康熙帝遣侍臣到東北去祭長白山，漢槎作了一篇祭長白山賦，文字瑰麗，託侍臣帶回來，獻給皇帝，玄燁看了非常的讚歎，就有召回他的意思。但是清廷對於召還流人的陋規，時正當三藩變亂中間，流人可以納鍰贖罪，藉以緩和空氣，正是漢槎可以回來的機會，但漢槎是一介寒儒，那有這些錢來捐款自贖。於是大學士徐乾學首先提倡大家醵金來贖他回來。乾學是容若的老師，又是明珠的一黨，他因爲要把結明珠，又自稱爲相府的掃門人，這樣專權弄勢，炙手可熱的人物，經他提倡，自然一呼百諾，於是捐款的人，非常踴躍，輦下名流，都以不與此事爲憾。漢槎是順治十五年戊戌出塞，在關外共住了二十三年，到康熙二十年辛酉，就奉詔賜環，得以生還玉門，二十多年不見的故國河山，風土景物，他一路看來，應當如何的歡喜，而且他的夫人葛氏同出榆關，白首同歸，一時人士，嘖嘖稱羡，傳爲佳話。其子振臣歷述其父漢槎入關時之景況曰：

「山海關卽秦之長城第一關也。……有一嶺，出關者稱悽惶嶺，入關者稱爲歡喜嶺。嶺下有孟姜女廟。是夕宿於嶺下，兩大人各述當時出關景況，今得到此眞爲歡喜！明日進關，氣象迥別。又七日至京師，與親友相聚，執手痛哭，眞如再生也。……洎乎長白山賦入，天心嗟歎，溫詔下頒。流人復歸本土，玉門之關旣入，才子之名大振。手加額者盈路，親緖論者滿車，一時足稱盛事。」

漢槎生還玉門，京中的親故朋友，都來勞問，尤其是徐乾學更覺得於顏面有光，於是大開讌會來歡迎他，主張賦詩，以誌這種千載難得的盛況。可惜最關心漢槎的詩人吳梅村已經下世，不及見了。當時都下名流，無不有詩，其中以王漁洋作得最好，原詩云：

「丁零絕塞鬢毛斑，雪窖招魂再入關，萬古窮荒生馬角，幾人樂府唱刀環。天邊魑魅愁遷客，江上蓴鱸話故山，太息梅村今宿草，不留老眼待君還。」

作鈞天樂傳奇，引起這場大獄的尤西堂，他也作詩贈吳漢槎自塞外歸二首。其一云：

「二十三年夢見稀，管寧無恙復來歸。餘生尙喜形容在，故國翻疑城廓非。燕市和歌宜縱酒，山陽聞笛定沾衣，（自注感念弘人聞夏）西風紫塞重回首，不斷龍沙哀雁飛。」

漢槎感念徐乾學援救之力得以重回故國，他有奉酬徐健庵見贈之作云：

「金燈簾幙款清關，把臂翻疑夢寐間，一去塞垣空別淚，重來京洛是衰顏。脫驂深愧胥靡贖，裂帛誰憐屬國還，酒半卻嗟行戍日，鴉青江上渡潺湲。」

他還有集成侍中容若齋，賦得柳毅傳書圖，次俞大文韻，絕句四首有：「年年沙朔掩蒿萊，橘社包山夢屢回，今日雨工圖上見，卻憐儂亦牧羊來。」漢槎以蘇武自喻，仍懷有故國喬木之思。李孟符春冰室野乘，稱其秋笳集「惓惓故國，不忘滄桑之感；觸緒紛來，始悟其得禍之繇。」可惜漢槎回到北京，僅踰三載，還未有回到故鄉吳江垂虹橋畔，就病歿了，年五十有四。留下了秋笳集八卷，（計秋笳集三卷，西曹雜詩一卷，前集二卷，擬古後雜體詩一卷，後集二卷附補遺）前四卷爲徐乾學所刻，後四卷爲其子振臣所補輯增刻的。振臣跋云：

「右集詩文共八卷，先君子漢槎先生所作也。先君少負大名，登順治丁酉賢書，爲仇家所中，遂至遺戍寧古。維時先大母在堂，先君忽離桑梓，而謫冰雪觸目之地，憤抑侘傺，登臨憑弔，俯仰傷懷。於是發爲詩歌，以鳴其不平，雖蔡女之十八拍，不足喻其淒愴，此秋笳所由名也。崐山徐健菴先生，悲故人之淪落，千里命介，索其草稿，梓以問世。古人之交情，不以窮通少異，有如此者。洎乎長白賦奏，而特邀當宁之知，沈冤昭雪，賜環故里，張儉返於亡命，蔡邕召自髡鉗。推轂者，總屬鉅卿，延譽者，半由名士。方且謂一生抱負，抒展有時，何圖乍入玉門，遽捐館舍，鄙人所以抱恨終天也。……爰就舊刊，增以家藏，析爲八卷，彙成一集，其前四卷，係健翁所刻，後四卷則振臣所增也。後集爲戍所暨歸來所作，前集及雜體詩二卷皆少年所作，序表書記，則合新舊所抄輯而成，不分年月。蓋先君垂髫之歲，即好吟詠，加以身際艱難，著作頗富，奈屢丁顛沛，存者無幾。當健翁索稿之先，值有老羌之警，遺失過半；及扶柩南還，復覆舟於天津，而沈溺者又過半；今此所補，皆從故舊處搜羅所得，殆未及十之一二。至於駢麗之體，向與陳陽羨齊名，乃集中所有僅此數首，尤可痛惜。聞之岷山某氏，收貯頗多，振臣曾力爲尋訪，而已移居村舍，然終當物色，以成全璧，是則鄙人之素志也。」

這次罹科場獄的人有不少知名之士，已如上述，漢槎而外，尚有北闈陸慶曾，孫暘，及南闈錢威諸人。陸慶曾字子元，華亭人，吳翌鳳註吳梅村引錢湘靈曰：「子元以機雲家世，與彝仲大樽爲輩行，轗軻二十年，垂老乃博一舉，復遭誣以白首禦窮邊而死，一妾挈幼子牽衣袂，行路盡爲流涕。」其狀尤慘。孫暘字赤厓，吳縣人，吳詩集覽引蘇州府志：「暘字赤厓，少遊文社，名與兄承恩埒。順治丁酉，舉順天鄉試，科場事發，爲人牽連，謫戍尙陽堡。聖祖東巡，獻頌萬餘言，召至幄前，賦東巡賦，試以書法，上歎惜其才，大學士宋德宜疏薦，不果用。久之還里。」又吳翌鳳註吳詩謂：「暘於康熙丙子，年正七十，得援例贖歸，著有蕉菴集。」集覽載有赤厓還家詩三首，原詩云：

「歲歲還鄉夢，今朝夢始眞，到家仍作客，無地可容身。山色迎人好，湖光入眼新，念年成底事，悔不早投綸。」

「弟妹何年別，盤飧此夕同。看來頭盡白，語罷淚俱紅。垂老重聞亂，還家舊業空。但能常聚首，不必問窮通。」

原詩三首，錄其二首。垂老重聞亂者，赤厓童時經鼎革之亂，在戍所時，將歸之前數年，又聞到三藩之變。故有到家仍作客，無地可容身之感。漢槎秋笳集中與赤厓唱酬之詩頗夥。憶陳夢雷松鶴堂，亦有與赤厓酬唱之作。尙有與漢槎同科之錢威字德維，漢槎稱其「議論雄肆，詩格蒼老。」以手間乏書，難以備考。

四　吳梅村與營救流人之關係

在淸初流人出關的時候，親戚朋友們當中，關心最切的要算是吳偉業駿公。他是東南社盟的領袖，又是一位多情善感、富於眞性的詩人。當丁酉科場案獄，和庚子奏銷案發生以後，眼看著他的朋友，被殺的被殺，流徙的流徙，觸景生情，他是怎樣的悲憤。於是在吳漢槎出塞的時光，他便很沈痛的作了一首悲歌贈吳季子。原詩云：

「人生千里與萬里，黯然銷魂別而已。君獨何爲至於此！山非山兮水非水，生非生兮死非死。十三學經並學史，生在江南長紈綺，詞賦翩翩衆莫比。白璧靑蠅見排抵，一朝束縛去，上書難自理。絕塞千山斷行李，送吏淚不止，流人復何倚！彼尙愁不歸，我行定已矣。八月龍沙雪花起，槖駝垂腰馬沒耳，白骨皚皚經戰壘，黑河無船渡者幾，前憂猛虎後蒼兕，土穴偷生若螻蟻，大魚如山不見尾，張鬐爲風沫爲雨，日月倒行入海底，白晝相逢半人鬼。噫嘻乎悲哉！生男聰明愼勿喜！倉頡夜哭良有以，受患祇從讀書始，君不見吳季子。」

這首詩敍寧古塔地方，道路是如何的難行，生活是如何的痛苦，和讀書人得到的結果，是如何的悽慘，寫得可算淋漓盡致。無形中把漢槎的身份，擡高了許多。他所以能生還故國，得到同情的贊助，未始不因於此詩。他又看到陸慶曾，垂老投荒，妻子牽袂，那種悽慘的情況，他又作了一首贈陸生詩，原詩云：

「陸生得名三十年，布衣好客囊無錢，尙書墓道千章樹，處士江邨二頃田。京華浪跡非長計，賣藥求名總遊戲，習俗誰容我弃捐，才名苦受人招致。古來權要嗜奔走，巧借高賢謝多口，古來貧賤難自持，一殞誤喪生平守。陸生落落眞吾流，行年五十今何求，好將輕俠藏亡命，恥把文章謁貴遊。丈夫肯用他途進　相逢誤喜知名姓，狡獪原來達士心，棲遲不免文人病。黃金白璧誰家子，見人盡道當如此，銅山一旦拉然崩，卻笑黔婁此中死。嗟君時命劇可憐，蜚語牽連竟配邊，木葉山頭悲夜夜，春申浦上望年年。江花江月歸何處？燕子鶯兒等飄絮，紅豆啼殘曲裏聲，白楊哭斷齋前樹。屈指鄉園筍蕨肥，南烹置酒夢依稀，蓴鱸正美書堪寄，燈火將殘淚獨揮。君不見鴻都買第歸來客，駟馬軒車胡辟易，西園論價喜誰知，東觀掄文矜莫及，從他羅隱與方干，不比如君行路難，只有一篇思舊賦，江關蕭瑟幾人看。」

慶曾以世家名門之後，他的父親，在明代曾作過尙書，他又與夏彝仲、陳臥子爲友，在明季時，頗負盛名，一旦冀求一薦之榮，竟爾垂老投荒，實在有點不大值得，梅村詩中亦甚惜之。可是梅村詩中有：「好將輕俠藏亡命，恥把文章謁貴游。」也許他別有懷抱。此詩於通賄通關節的情況，和甲乙之際，人士出處的操守，言之尤爲痛切，非身歷其境者，不能說這些話。梅村身經滄海，他不止對於這些被謫戍的士子，發生同感，就是在朝的仕紳，發生了不幸事體，祇要是被壓迫者，他無不爲之表示同感，不免也要掉下同情之淚。那時泰興季開生季振宜兄弟，藏書之富，甲於東南。開生字天中，以名進士官給事中，早標淸名，見重士流。當淸廷初年，南方的人民，時常與他反抗，時局尙未穩定，一切都談不到，就是宮室也因陋就簡，也未能加以修理。朝鮮的使臣到中國來，回去的時候，朝鮮國王問他派來的臣子：「滿淸皇帝近來到底怎麼樣，是否能統治中國？」他臣子回答說：「臣來到中國的時候，看見北京的宮殿上茅草不除，市井荒涼，恐怕一時還不易安定罷。」（見李朝實錄）可是到順治十年之後，南方雖在那裏反抗，但是北方已經安定起來，一切已經漸就了秩序，在順治十二年，便派工部修造乾淸宮，既至宮殿修蓋好了以後，便派內侍帶了一大批銀錢，到江南去置備一些華貴的傢具陳設，暗地裏卻教內監到揚州採訪秀女，以充後陳。因爲順治已經做了十二年的皇帝，應該有點享樂，這個消息傳到江南，人民一日數驚，紛紛的嫁女，以便躲避這種悲慘的事件發生，（見無名氏硏堂見聞雜記）開生聽見這種事情，實在忍耐不下去，立刻陳言極諫，皇帝看了非常生氣，說：「朕雖不德，每思效法賢聖主，朝夕焦勞，若買女子入宮，成何主耶！」（淸史稿列傳三十一）因責開生肆誣沽直，馬上把開生下了刑部杖贖，流戍尙陽堡去。開生臨行時，梅村親自送他，作了一首送友人出塞詩云：

「上書有意不忘君，竄逐還將諫草焚，聖主起居當日愼，小臣忠愛本風聞，玉關信斷機中錦，

金谷園空畫裏雲，塞馬一聲親舊哭，爲支少婦欲從軍。」

還有梅村的女兒名齊的嫁海寧陳直方容永，爲相國陳之遴的兒子。之遴字彥升，明崇禎間進士，入淸官至禮部尙書，弘文院大學士，兼太子太保，他主張滿臣有罪，亦當治罪，籍沒其家，以主公允。順治帝非常的不高興，說他：「植黨營私，護庇南人。」又說他：「市權豪縱，不知悛改。」之遴上疏引罪有云：「南北各親其親，各友其友。」順治更爲不懌，命原官發往盛京居住，是年冬，命他回京，又說他勾結內監吳良輔招權受賄，應當論斬，減等奪官籍沒其家，流徙尙陽堡。當之遴發遣寧古塔的時候，梅村以兒女之親，更覺得難過，曾作贈遼左故人詩八首。其五云：

「貫索天邊動使星，赭衣羸馬夕陽亭。胥靡憔悴傷圖畫，巷伯牽連累汗靑。減死朔方誰考驗，

徙家合浦竟漂零，故國無限東風柳，蘆管吹來不忍聽。」

其六云：

「浮生蹤跡總茫然，兩拜中書再徙邊，儘有溫湯堪療疾，恰逢靈藥可延年。垂來文鼠裝綿暖，

射得寒魚入饌鮮，只少江南好春色，孤山梅樹罨溪船。」

其七云：

「路出河西望八城，保宮老母淚縱橫，重圍屢困孤身在，垂死翻悲絕塞行，盡室可憐逢將吏，生兒眞悔作公卿，蕭蕭夜半玄菟月，鶴唳歸來夢不成。」

原詩八首，不能具錄，其第五至第七爲懷念故人而作，其第八首則爲愛憐少女而作的。其八云：

「齊女門前萬里臺，傷心砧杵北風哀，一官悞汝高門累，半子憐渠快壻才。失母況經關塞別，從夫只好夢魂來。摩娑老眼千行淚，望斷寒雲凍不開。」

據黎士宏仁恕堂筆記：「宗伯（之遴）謫塞上，直方以病廢得留，辛丑公車，直方覘予（士宏）邸舍。」是梅村之壻陳直方，未嘗讁戍。然仁恕堂筆記又云：「今聞直方短祚。竟憂鬱以卒。」那末梅村之女，不幸又早寡了。梅村有遣悶詩，略云：

「一女血淚啼闌干，舅姑嶺表無書傳。一女家破歸閭闔，良人在北愁戍邊。更有一女憂烽煙，圍城六月江風寒。」

這樣看來，梅村不獨懷念故人，而且有女隨戍，痛及己身了。梅村自敍事略曰：

「吾一生遭際，萬事憂危，無一刻不歷艱難，無一境不嘗辛苦，實爲天下之大苦人。吾死後斂以僧裝，葬吾於鄧尉靈巖相近，墓前立一圓石，曰詩人吳梅村之墓。」

由此可以見到梅村一生出處不得已的旨趣。章太炎炳麟錢謙益別錄云：「初明之亡，有合肥龔鼎孳，太倉吳偉業，皆以降臣善歌詩，時見憤激，而偉業辭特深隱，其言近誠。以人情思宗國言，降臣陳名夏至大學士猶揪頂言不當去髮，以此知謙益等不盡詭僞矣。」若章太炎先生之說，可謂持平之論了。

五　浙中通海案遺戍諸人

當明弘光卽位南京，猶支持著半壁天下，不是不可有爲的局面。那時故舊老臣和忠貞之士，都跑到南京，努力同心，共禦大敵，如祁忠愍公彪佳，以山陰世家，積學名儒，也來到南京，出任右僉都御史，可是馬士英、阮大鋮一般魏黨餘孽在朝，不管時局的顚危，來排擠正人，像劉念臺、黃石齋等都立不住足，彪佳也因之被任爲蘇松巡撫，見事無可爲，就告老還鄉，他所居的寓山，有園林花木之盛，還建築有四負堂梅花館，爲朋友讌會之所，彪佳回到家裏，蒔花種竹，修治堂宇，有時召集幾個朋友，飲酒賦詩，畫幾張畫，唱唱曲子，純然過着鄉紳的生活，頽然有終老之志。可是不久南京不守，淸兵渡江，杭州失陷，錢塘江上，搖搖欲動，他聽到這個消息，痛不欲生，後來紹興府的僞官，要強迫他出來，維持地方，以繫人心，他更覺得煩惱，在丙戌五月，他表面上還是蕭然自得的樣子，正在家中請客，到了鐙炧客散之後，他寫了幾封遺書，偸偸的跑到後門外荷塘裏投水，端坐而逝，效了止水之節。（據祁忠愍公日記）他的兒子理孫、班孫，受了家國之痛，比任何人都要難過，便蓄意規復，非殺敵人，無以爲家的志向，就聯絡他的密友魏耕、錢纘曾、李甲、陳三島、朱士稚、楊越諸君，作了一個祕密結合，與海上鄭成功、張煌言，潛通消息，作爲內應，一旦有變，他們馬上出來，與他們響應。四負堂遂成了他們祕密開會集合的地方。在順治十六年鄭成功軍直抵鎮江，張煌言深入腹地，西至蕪湖太平，淸廷爲之震動，野老遺民，都盼望著重見明代衣冠，不幸爲淸兵所敗，煌言不屈被誅，成功也退回臺灣，經過這次變故，雖已經投降的鄭成功的父親鄭芝龍和芝豹，淸廷都發遣到寧古塔去。在延平軍隊要北上的期間，這些朋友們有的在家裏悉心規劃，有的出外與山寨聯絡，想作大規模的舉動。其中最有韜略的要算是魏耕和錢纘曾了。理孫、班孫本來是世家子弟，揮金如土，頂喜歡唱曲子那一套游戲，而魏耕表面上又裝著耽情酒色，非酒不甘，非妓不寢的樣子，外間的人們，看見他們這一羣公子哥兒，不過是花天酒地，歌舞游戲，能做出來什麼事體，教外間全不注意。可巧有一個外圍的朋友孔孟文元章這個人，本來是一個和尙，素性無賴，偶然從海上來，得到鄭成功、張煌言要北上的消息來報告錢纘曾要挾不遂，在康熙元年壬寅，就到歸安知縣吳之榮處告密，之榮因搆陷於將軍何奎，謂祁氏爲「累世顯宦，家富不訾，連絡山海，妄思噓燼。」很可以分點油水。何奎聽了就把一干犯人都帶到錢塘去，遂興了大獄，魏耕、錢纘曾等都要斬東市。祁班孫、李甲、纘曾之弟虞仲、方叔和楊越都減死流徙寧古塔，這一起案子流到寧古塔的共有百餘人。全祖望鮚埼亭集卷十三祁六公子墓碣云：

「祁六公子者，諱班孫，字奕喜，小字季郎，忠愍第二子也。其兄曰理孫，字奕慶，以大功兄弟次其行，故世皆呼曰祁五祁六兩公子。公子兄弟自任以故國之喬木，而屠沽市販之流亦兼收並蓄。家居山陰之梅墅，其園亭在寓山，柳車踵至，登其堂複壁大隧，莫能詰也。慈谿布衣魏耕者，狂走四方，思得一當，以爲亳社之桑榆。公子兄弟則與之誓天稱莫逆，又徧約同里諸遺民，朱士稚張宗道輩，以疏附之。壬寅（康熙元年）或告變於浙之幕府，刊章四道捕魏耕。有首者曰：『茗上乃其婦家，而山陰之梅墅，乃其死友所嘯聚。』大帥亟發兵，果得之，縛公子兄弟去，既讞，兄弟爭承，祁氏之客謀曰：『二人并命，不更慘歟！』乃納賄而宥其兄。公子遣戍遼左，其後理孫以痛弟鬱鬱而死，而祁氏爲之衰破，然君子則曰：『是固忠愍之子也。』當是時禁網尚疏，寧古塔將軍，得賂則弛約束，丁巳，公子脫身遯歸，已而里社中漸物色之，乃祝髮於吳之堯峯，尋主毗陵馬鞍山寺，所稱咒林明大師者也。薦紳先生皆相傳曰：『是何浮圖，但喜議論古今，不談佛法。每及先朝，則掩面哭。』然終莫有知之者，然偶於曲盝座上，摩其足而歎曰：『使我困此間者汝也。』」

是主其事者爲祁氏兄弟，爲他主謀的爲魏耕，鮚埼亭集卷八，雪竇山人墳版文曰：

「雪竇山人魏耕者，原名璧，字楚白，甲申後改名，又別名甦，慈谿人也。與歸安錢纘曾同居苕溪，閉戶爲詩，酷嗜李供奉，長洲陳三島尤心契之。東歸遊會稽，有張近道者，好黃老管商之術，以王霸自命。見詩人則唾之曰：雕蟲之徒也。而其里人朱士稚，與先生論詩極傾倒，近道見之，亦輒痛駡不置，然三人者，交相得，因此並交繼曾三島，稱莫逆。先生又因此與祁理孫班孫兄弟善，得盡讀淡生堂藏書，詩日益工。然先生於酒色有沈癖，一日之間，非酒不甘，非妓不寢，禮法之士深惡之，惟祁氏兄弟竭力資給之。每先生至，輒爲置酒呼妓，而朱張數子左右之。久之，先生又遣死士，致書延平，謂海道甚易，南風三日，可直抵京口，已亥延平如其言，幾下金陵。已而軍退，先生復遮道留張尙書（煌言）請入焦湖，以圖再擧，不克。是役也，江南半壁震動，既而聞其謀出於先生，於是邏者益急。繼曾以兼金賄吏得稍解。癸卯有孔孟文者從延平軍來，有所求於繼曾不饜，幷怨先生，以其蠟書首之。先生方館於祁氏，邏者猝至，被執至錢塘，與繼曾俱不屈以死，妻子盡沒，班孫亦以是遣戍。初諸子之破產結客也，士稚首，以是傾家，近道救之，得出獄，而近道竟以此渡江遇盜而死。已亥之役，三島亦以憂憤而死，眞所謂白首同歸者矣。」

是篇於祁氏兄弟結客密謀，與這次興復未成，釀成大獄的經過，言之最爲詳盡。一時豪士，若陳三島、朱士稚、錢繼曾諸君，或被極刑，或逃匿深山，以未遣戍東北，固不具述。其流徙寧古塔的，班孫而外，則有李甲，繼曾的弟弟虞仲、方叔和楊大瓢的父親楊越，茲條述於后。葉廷琯鷗波漁話引楊大瓢所撰祁奕喜李兼汝合傳云：

「慈谿魏耕，爲兵部侍郎張煌言結客浙東西，班孫留之寓山，或經年不去，先府君（楊越）亦時時過寓山與耕語。當是時，浙東名士，競以氣節相高。蕭山李甲（字兼汝）歸安錢纘曾（允武），曾與班孫皆耕之所主也。有江陰無賴子孔元章者，遇耕西湖，自言從煌言所來，有所需，耕許之，既而覺其妄　批其頰，而耕所交，元章多知之。於是僞爲耕書與纘曾，纘曾又毆之。元章遂之鎮浙將軍告變，捕纘曾等。初纘曾疏屬錢應魁據太湖爲亂，先仲父九有公權太湖營游擊，窮治黨魁，將及纘曾，纘曾恐索耕札，求救府君，府君爲言之乃免。耕、纘曾難作，纘曾遺其妻書，以幼子屬府君，及甲書爲邏者所得。獄成，耕、纘曾皆死，甲同府君、班孫徙寧古塔。」

至錢纘曾爲歸安巨族。纘曾族人，錢价人瞻百，也預通海之謀，平生善爲詩，著有河渭間集選十卷，价人性簡傲，不畏強禦，清初集郡中人士，立孚社，推爲領袖，喜結納，好賓客，傾囊倒篋，毫不吝惜，而自奉卻很儉約，與纘曾同預通海之謀，事敗，與纘曾同遇難，死於杭市，他的家產很富，分給了首告人歸安令吳之榮一半。兩家的妻子徙邊，纘曾之弟，虞仲、方叔、丹季均長流寧古塔。楊鳳苞秋室集卷一錢瞻百河渭間集選序云：

「三人之戍所，與張坦公、姚琢之、吳漢槎、錢德維爲七子之會，見秋笳集。漢槎寄顧舍人書曰：苕中三錢，才筆特妙，不意大者有山陽之痛，而小者復爲濮陽之匿，則方叔、丹季，嘗逃歸矣。今其詩不可得而聞。吾鄉自上林之沈，南潯之莊，思谿之錢，屢困於法，因之遺臣佚老之行蹤莫有爲之載筆者，桑海見聞，半歸脫落，余竭力搜訪，不過千百之一二耳。」

由此可見，漢槎在寧古塔立七子之會，而七子者多爲枌社人物，均抱有恢復的思想，七子雖無詩文流傳，而其宗旨參稽各家文字，亦可以略見其梗概了。至浙中通海之案，以祁魏而得名，而流徙寧古，則以楊春華遠謫荒徼，大瓢萬里尋親，更益顯著。俞樾薈蕞編引余懋紀東武山房集楊安城傳云：

「安城楊公，故山陰處士也，少喜讀書，任俠，年十七，爲諸生，思陵末造，天下多故，慨然有濟世志，與里中高才生，及四方豪傑交，名日起，然坐是流離絕域，數十年而歿。始公與朱伯虎、吳佩遠，魏雪竇遊，奴視齷齪士，士亦莫之敢近，及伯虎死，佩遠入滇，雪竇爲怨家所搆，稱與張煌言交通，罪不宥，詞連長興錢允武，允武妻貸千金，屬公營救，書爲邏者所獲，嚴考允武，索公甚急，允武死不承。公遣人謂允武曰：吾名在牘，詎能免，我出則君寃自白，毋自苦也。遂詣獄，獄具，魏錢坐死，公流寧古塔，康熙壬寅冬也。……寧古塔爲金元上京會寧府，地近冷山五國城，距京城三千里，土人及駐防將士，皆樸魯，衣魚皮，漢人以罪至者，多依以爲生，傭使之。公至，獨爲屋以居，入山伐木，壘土石爲坑，皆身自擘畫，土人初奇公狀貌，至是益服其才。公稍出漢物與市，土人貴漢物，爭出菽粟來易，遂約漢人共賈，菽粟漸饒，土人既仰給於賈，不敢輕漢人矣。公曰：未也，尚不知禮教，於是教之讀書，崇退讓，躬自養老撫孤，贖官奴婢，同難蕭山李兼汝，蘇州書賈李方初，沐黔國忠顯弟忠禎，皆賡焉。贖朱大典孫婦劉振英，河南李天然及其弟諸生希聲夫婦，湖廣衛守備王某，皆罪隸也。凡貧不能舉火及婚喪者，公爲倡率周之，富人感其義，爭助公，以不與爲恥，曰：吾不可以見楊長者。公居寧古塔數十年，安其俗。嘗奉甘將軍檄，練水師混同江，禦俄羅斯，移家小烏喇，旣而罷歸。性至孝，母喪年餘，訃至，哀毀骨立，杜門三年。子賓，出塞省公，公年六十八，鬢未半白，善飯，步履如飛，燈下能小楷。語至夜分以爲常。賓歸，訟寃闕下，南巡復叩閽，請率妻子代戍，衞士箠之幾斃，卒格不行。公竟歿戍所，年七十。公黑而長，美髯偉幹，娶范氏，公出塞，例僉妻行，或請代，范夫人毅然不可。三子賓、寶、寵，皆夫人出。公歿，不得歸葬。賓、寶泣請兩曹，幾二載，憐而許之。夫人扶柩入關，士漢送者，哭聲塡路。公初名春華，出塞更名越，號安城，其所居鄉也。」

當淸初流徙諸人，皆爲逮捕，而安城則激於義憤，出於自首。謫戍諸子若吳漢槎輩在戍所流戀詩酒，提倡風雅，可是安城君對於寧古塔人民的敎養，卻盡了極大的責任。那些遣戍的人，有的給賄私逃，有的納鍰贖罪，在吳漢槎及陳夢雷被釋回京前後，大瓢到處奔走求援，不是呼籲無門，就是進行太不順利，竟爾老死戍所，他的際遇，較諸漢槎，更爲悲慘。楊賓大瓢偶筆前載無名氏楊大瓢傳云：

「楊賓，字可師，號耕夫，別號大瓢，又號小鐵，山陰人。父越字友聲，明末諸生，素稱名士，與朱竹垞友善，嘗有詩稱之。康熙元年友人錢允武爲魏雪竇下獄，屬越營救，事洩，坐逆黨，遣戍寧古塔，母范氏從。賓生於順治庚寅，年十四，叔九有公以邊功爲懷遠將軍，鎭上海，乃挈賓與弟寶豐二女育於官，年二十一歸山陰，康熙己巳年四十，乃至都省父戍所，次年旋都，就工科給事中譚左羽纂修律例，爲赦親計，哭求左羽爲言於總裁張素存相國，杜肇餘司馬，二公亦憐之而勢不可。左羽素善閩中張儀山中丞，時方被逮，欲賓往求之，爲屬臺中邵嗣堯疏請關中流人輸米贖罪，以輕重爲差，冀賓乘間贖父。及辛未春，賓與儀山入都，會邵疏爲議者所阻。是冬越已卒於戍所。賓謀返葬，格於例，思之至嘔血。友人憫之，爲引流囚家屬例，求司寇圖公納，不得；繼引戶部侍郎思格則請其父白二格返葬例，求少司馬朱公都納，朱檢知在叛案，執不可，賓跪其門，號泣控鞫於途，叩頭哀籲，朱曰：「苟有叛案返葬例，我爲爾行。」賓因不食慟哭。時儀山方械示都門，忽思得廣西巡撫，陳宏明包網巾從逆，流死寧古塔，家屬返葬事，亟令引以求朱公，朱命查案，賓後知情實不符，復賄吏寢其牘。主事戴通，亦爲言於索司寇，賓友江且庵又令執贄索公之門，乃准援例返葬，時皆稱孝子。初且庵爲索相國額圖客，得罪明相國珠戍瀋陽，與友顧小謝言於徐相國元文，顧宗伯汧，薦賓代且庵。賓不欲，託言父召辭之，强之再三，乃約出塞歸就，及期不至，小謝不得已代之。癸酉小謝歸，與且庵復舉賓代，又堅辭，卒免於難。賓狀虬髯而短，外圓中堅，言論井井，有風骨，善屬文，精漢書杜詩，少能書，工八法，塞外稱楊夫子，名重公卿，惜以逆黨後不得仕，年近九十乃卒。所著有塞外詩三卷，雜文一卷，大瓢偶筆八卷，鐵函齋書跋六卷，家庭記述一卷，金

石源流書要，柳邊紀略各若干卷。」（按柳邊紀略五卷）

大瓢之精誠團結，立志迎接他父親回來，極可欽佩，我們可以與吳振臣比較一下，振臣回歸北京，在大瓢出塞之前數載，但他作寧古塔紀略，反在大瓢撰柳邊紀略之後。振臣撰寧古塔紀略時年垂六十，回想三四十年以前的情況，不免模糊，至大瓢所撰柳邊紀略，於地理沿革、風土景物、語言嗜好、無所不記，實在比寧古塔紀略要詳細得多了。安城有子，這眞可以爲大瓢張目的地方。葉廷琯鷗波漁話卷三題大瓢遺像云：

「廿年涕淚思親夢，萬里冰霜出塞行。楓陛陳情歸骨遂，柳邊紀略著書成。依人不礙遺民嗣，流寓長垂孝子名。世士宦遊忘陟岵，披圖何由見先生。」

至挾嫌告密之孔孟文，秋室集卷五書孔孟文事略云：

「孔孟文者字元章，父爲瘍醫，名襟海，不知何許人，父死，孟文爲僧於長興弁山之土穀祠，往來諸山寨中游說，於時魏雪竇爲東門令吏凌祥宇贅壻，聯絡山海，思得一當。與思谿錢纘曾爲密友，以故孟文得交於二人。後孟文盜劫僧舍，屢犯淫戒，雪竇以其屢敗檢也，予之稍薄，孟文嗛焉，遁至溫州，得海中倡義者確耗，並內地通海者出入徑路，遂假稱是海中大帥，某某皆出某麾下。又僞造一冊云儲糧屯某島，士卒營某嶼，戰艦泊某嶼，因與衆有隙，脫身來投誠於鎭江將軍劉某，因言：海外之難平，皆因內地之人運糧餉、資軍裝爲之接應耳，內間去，外寇可立破也。劉喜，卽疏題驛召孟文至京師陛見，賜弓裘馬，寵遇甚隆。當初首告時，尙圖訛詐，故舛其名，以錢允武爲錢雲五，魏雪竇爲魏西斗，浙撫以無其人覆部，時在順治十八年辛丑夏也。而錢魏不知省，未及行賄於孟文，越半載，遂易眞名，注明地址，行鎭浙將軍柯奎密拏矣。」

是編所記賜孔孟文弓刀裘馬，寵遇甚隆，所記不免有傳聞之誤，柳邊紀略卷四云：

「孔和尙者，名元昭，江陰人，素陰賊，挾私怨興大獄，殺人，流寧古塔者以百計，余父其一也。乙巳丙午間，元昭亦以流往，衆欲斃之，余父不可乃止。」

秋室集稱孔孟文名元章，此書所記孔和尙名元昭，同爲江陰人，則孔和尙非孔孟文而誰？由此看來歸安令吳之榮，還得到錢家一部分的財產，至孔孟文不但沒有得到利祿，反與祁楊諸家，同被流徙，要不是楊先生爲人長厚，關外的人是豪爽的，孔和尙早就被人擊斃了。

在浙中通海案尙未發生以前，正當鄭成功、張煌言的兵北上的時候 蘇州、金壇一帶，還發生了抗糧、和哭廟等案。吳梅村年譜引蘇州府志：「庚子（順治）十二月吳縣知縣任唯初莅任，卽逼倉總吳行之，私糶漕糧七百石，婪賄虐行，口碑騰刺。十八年二月章皇帝遺詔下府堂哭臨。次日生員金人瑞，丁瀾等哭府學文廟，教授程邑申報，以：諸生驚擾哭臨，意在謀叛，具疏。銜在籍吏部考工員外顧予咸，株連之。適差滿大臣至江寧審金壇叛招，并訊題覆，部議覆准倪用賓、沈玥、顧偉業、丁瀾、金人瑞、王重儒等八人典刑，家產入官，妻子流徙。」無名氏辛丑紀聞云：

「金聖歎，名喟，又名人瑞。庠姓張，原名瑞，原名采，字若采，爲文倜儻不羣，少補博士弟子員，後以歲試之文，怪誕不經，黜革。來年科試，頂金人瑞名就童子試，而文宗即拔第一，補庠生。聖歎以世間有六才子書，離騷、莊子、史記、杜工部詩、施耐菴水滸傳、王實甫西廂記。歲甲申批水滸傳，丙申批西廂記，庚子間方從事於杜詩，未卒業而難作，天下惜之。謂天之忌才，一至於斯。初生一子，請乩仙題號，仙判曰斷牛，不解何意，及妻子流寧古塔，居室後有斷碑，但存一牛字，殆亦有定數也。」

張采之可以改姓名爲金人瑞，這正如海昌陳氏，在明代他本姓高一樣，明季人士，因爲考試，或投靠勢家，而改姓名的本不算稀奇。據是編所載，倪用賓，沈玥，因爲哭廟一案，身受典刑，妻子流徙寧古塔的，共有八家，那麼到關外去的人，實不在少數。據東三省輿地圖說所載：寧古塔東北二十餘里之金家窩棚，與寧安縣志所記縣治南十餘里有金家沽，或係是金聖歎的後裔，雖未敢臆斷，但流人子孫，世代相傳，男婚女嫁，蔓延成聚，就成了東北的土著，恐不在少數罷！

六　龍眠方氏擧家遷徙及南山集獄

浙中通海事發，慈谿錢纘曾遇難，他的弟弟虞仲、方叔、丹季，流徙寧古。當時被難的人，都是全家被徙，這種擧動，雖不及明代禍及九族，男丁充當象奴，女子發入樂戶，那樣的刻虐，但是也相當的悲慘。吳漢槎所以能單身就道，也許是經友人幫助，以出嗣別支爲名，所以沒有連及父兄，可算是幸運。若順治丁酉科場案連及的，方拱乾全家遠徙，後遭南山集獄，方氏家屬復遠流黑龍江，較諸漢槎更爲悽慘了。拱乾的兒子方孝標，因爲他的族人方猷，順治丁酉，主試江南，與之有私，他們全家受累，父子遣戍。吳漢槎寄顧舍人書：「龍眠父子，與弟同謫三年，情好殷摯，談詩論文，每至夜分。」我們可知道的，便有拱乾的兒子懸成、亨咸、章鉞、膏茂，懸成之子登嶧，登嶧之子式濟，而方觀承又爲式濟的兒子。懸成卽方孝標，賴古堂尺牘新鈔，方孝標下，注略歷云：「字樓岡，原名元成，江南桐城人，有光啓堂集。」淸代對於罪人之名元者，例改作懸，則懸成爲孝標無疑，如此我們便可以推想出來方氏父子遣戍的世系。簡表如下：

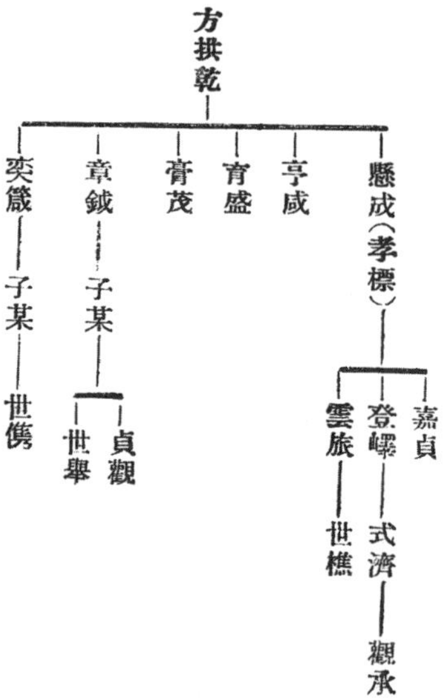

龍眠方氏爲桐城世家，余在舊京書坊，見有龍眠方氏七代遺書，恐淸初記方氏遺事者，爲書尙夥。惟心史叢刊所載，拱乾、孝標以族人方猷科場獄案遺戍，說得不甚詳細，也不免小有錯誤。據金天翮皖志列傳稿，方氏全家被徙共有三次，而對於他們的家族，記述也較爲詳盡。皖志列傳卷二云：

「拱乾字肅之，號坦菴，崇禎戊辰進士，官諭德，入淸以薦起補宏文院學士，尋除少詹，平生篤交誼，急人患難。順治九年，科場詿誤，謫寧古塔，十一年放歸，寓揚州，撰絕域紀略，因自號甦老人。」

絕域記略弁言云：

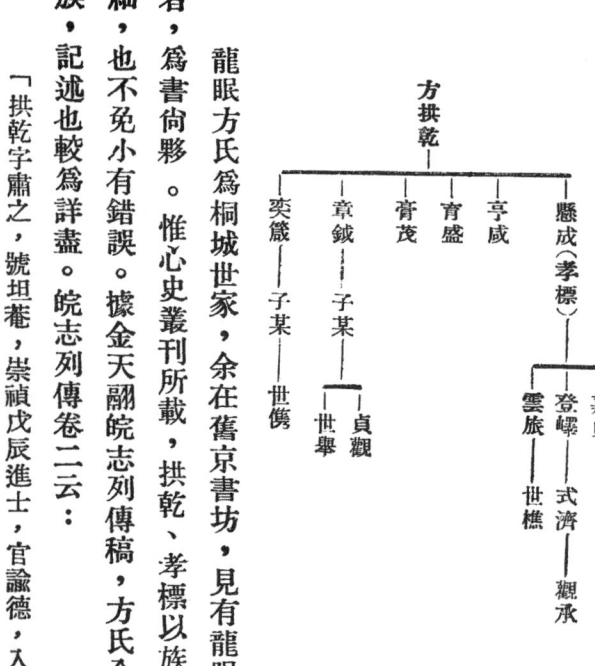

「寧古何地，無往理，亦無還理，老夫旣往而復還，豈非天哉！記與吳漢槎及兒輩，屢屬其撰志，而不先就，亦曰此生豈有還理，則此生之徼天幸者，殆昔人所謂從死地走一回，勝學道三十年，老夫滋愧矣。」

到了拱乾七十歲時，據皖志列傳，他曾作七十自壽文云：

「老人罔鄉子，七歲能屬文爲詩，長登進士，官翰林，至少詹事，娶相國女，至今猶共哺糜，生兩女六男，亦皆掇科名，男女孫百幾十人，老人所徼於造物可謂厚矣。」

拱乾遣戍，約在順治十年左右，程周量科場案的期間。後來雖經順治丁酉科場案連帶被譴，但仍能重返揚州，宜乎他要高興了。這是桐城方氏被遣戍的第一次。至拱乾子姓甚多，孝標尤有文名。如今不妨把拱乾的子姓，簡單略述如下。皖志列傳云：

「孝標初名玄成，避仁廟諱，以字行而號樓岡，桐城人也。爲大美之孫，拱乾之長子。順治三年丙戌，舉於鄉，乙丑成進士，改庶吉士，歷任內宏文院侍讀學士，兩充會試同考官。丁酉江南鄉試，方猶爲正考官，拱乾第五子章鉞中式，給事中陰應節，奏劾拱乾章鉞，與方猶聯宗有素，冒濫賢書，世祖怒，奪方猶官，逮章鉞入京會鞫。拱乾方官少詹事，責自陳關節狀，拱乾奏辯，不與方猶同宗，有丁亥、己丑、甲午三科齒錄足證。明年三月世祖親試江南舉人於廷，文無害者，都七十五人，罰停會試兩科者二十四人，黜革者十四人，處方猶及副考官大辟，同考試官均伏繯首刑，而章鉞等八人，各杖四十，期親以上戍寧古塔，籍沒其資產。越二年孝標子嘉貞，上書訟冤，拱乾孝標，得赦歸田里，康熙二年癸卯，孝標客揚州，甲辰遊杭州，拱乾卒。」

是孝標遣戍，實被其弟章鉞所累。至孝標兄弟事略，皖志列傳云：

「亨咸字吉偶，號邵村，順治丁亥進士，官獲鹿知縣，擢刑部主事，卹刑湖廣廣西，平反七十三案，升監察御史，坐科場案謫寧古塔。亨咸少負文學譽，名與姚文然齊，王士禎賞其詩，尤工書畫，著塞外樂府，邵村詩集。次育盛字與三。膏茂字敦四，皆有詩文集。章鉞字某，皆舉於鄉。次奕箴，奕箴孫世儁。」

孝標兄弟，爲順治丁酉科場獄案所累，同被遣戍，這可以說是第二次了。至孝標遊滇中，著滇黔記聞，身後其家族爲南山集所株連遣戍荒徼。皖志列傳云：

「孝標年五十，入關以詩文結納藩府大吏，庚戌，孝標以吳三桂書招，始至雲南，亦獻詩諛三桂。謂：拱乾於先帝講筵，嘗以片語保全三桂爵祿。康熙十二年癸丑，廷議撤藩，三桂反於滇，孝標已先期賦詩歸江南，歸而胠其橐中所記滇黔間士民所傳述永曆帝播越覆亡，與夫藎臣義士、遺民、政老、諸舊聞掌故，與中原所知多異同者，筆之書，曰滇黔紀聞，都兩篇，是時淸廷尚未有文字之禁，書稍流播，戴名世於孝標爲後進，亦欲網羅放失，既見舒城余湛書所聞於釋犂支者，持校孝標紀聞多出入，因書與湛論之。康熙五十年辛卯南山集之獄起，孝標已前卒，詔以名世之罪罪之，斮棺而磔其尸焉。」

孝標前卒，禍及枯骨，其子若貞觀，登嶧，登嶧子式濟及其家族，都充發到黑龍江，這是方氏家族無辜被遷的第三次了。金天翮君據無名氏桐城方戴兩家史案，其說當爲可信。至被禍最慘之戴名世，皖志列傳云：

「名世字田有，一字褐夫，號藥身，又自號憂庵，先世自婺源徙桐城，少才辨雋逸，既孤，授徒自贍，精制舉業，學長於史，喜考求明季逸事，晚與孝標往來，而弟子舒城余湛，字石民，偶與釋氏犂支遇，談明永曆事，犂支故爲永曆官者，明亡，遯跡於佛，名世聞犂支之來也，喜，跡之余湛所，乃命湛書所聞於犂支者，與孝標書校其同異，書載南山集中。康熙己丑翰林授編修時年已五十有七，又二年辛卯，左都御史趙申喬劾南山集悖逆，繫獄論磔，族人皆棄市。」

名世與登嶧的兒子式濟同舉進士，南山集事發，名世身遭極刑，全家被難，固爲慘酷；然方氏族人又遭遷徙之禍，更是不幸。以上所述爲私家記載，至淸代官書所記，尤足駭異，這件案子，比順治丁酉科場獄案要慘忍得多了。王氏東華錄康熙卷八十九云：

「康熙五十一年壬辰，正月丙午，刑部等衙門奏，察審戴名世所著南山集孑遺錄內，有大逆等語，應卽行凌遲。已故方孝標所著滇黔紀聞內，亦有大逆等語，應剉其屍骸。戴名世、方孝標之祖父子孫，兄弟及伯叔父兄弟之子，年十六歲以上者，俱查出解部，即行立斬。其母女妻妾之姊妹，十五歲以下，子孫伯叔兄弟之子，亦俱查出，給功臣家爲奴。方孝標歸順吳逆，身受、僞官，迨其投誠，又蒙恩免罪，仍不改悖逆之心，書大逆之言，令該撫將方孝標同族人，不論服之已盡未盡，逐一嚴查，有職銜者，盡皆革退，除已嫁女外子女，一併即解到部，發與烏喇、寧古塔、伯都納等處安插。汪灝、方苞，爲戴名世悖逆書作序，俱應立斬。方正玉、尤雲鶚，聞拏自首，應將伊等妻子，一併發寧古塔安插，編修劉巖，雖不曾作序，然不將書出首，亦應革職，僉妻流三千里。上曰：此事著問九卿，具奏，案內方姓人，俱係惡亂之輩，方光琛，投順吳三桂，曾爲僞相，方孝標亦曾爲吳三桂大吏，伊等族人，不可留本處也。」

全祖望鮚埼亭集外編卷二十二江浙兩大獄記云：

「桐城方孝標，嘗以科第起官至學士，後以族人方猷丁酉主江南試，與之有私，並去官遣戍，遇赦歸，入滇受吳逆僞翰林承旨，吳逆敗，孝標先迎降得免死，因著鈍齋文集，滇黔紀聞，極多悖逆語，戴名世見而喜之，所著南山集多採孝標所紀事。尤雲鶚、方正玉爲之捐貲刊行。雲鶚、正玉及同官汪灝、朱書、劉巖、余生、王源皆有序，板則寄藏於方苞家。都給諫趙申喬奏其事，九卿會鞫，擬戴名世大逆，法至寸磔，族皆棄市，未及冠笄者發邊。朱書、王源已故免議。尤雲鶚、方正玉、汪灝、劉巖、余生、方苞，以謗論罪絞。時方孝標已死，以戴名世之罪罪之，子登嶧、雲旅、孫世樵，並斬，方氏有服者，皆坐死，且剉孝標屍。尚書韓菼，侍郎趙士麟，御史劉灝，淮陽道王英謨，庶吉士汪份等三十二人，並別議降謫，疏奏，聖祖惻然，凡議絞者改編戍，汪灝以曾效力書局，赦出獄，方苞編旗下，尤雲鶚、方正玉免死，徙其家，方氏族屬止謫黑龍江，韓菼以下，平日與戴名世論文牽連者俱免議。是案也，得恩旨全活者三百餘人，康熙辛卯壬辰（三十六年，三十七年）間事也。」

這裏所說的方苞，著籍桐城，想亦拱乾孝標的族人，他爲南山集作序，不是對於勝國遺聞漠不關心的人。皇帝說他們方姓人俱係惡亂之輩，可謂誣衊之至。但他被釋以後，以道學的面孔，來媚侍新朝，忘其祖先，未免忝顏無恥，與李光地同是一樣的假道學人。至戴名世所著南山集署「桐城戴潛虛田有著」是因爲避淸廷的忌諱，有時還諱其姓改爲宋潛虛，但我們看他的集子裏面，不過好記明季遺事，並沒有什麼大不了觸犯忌諱的事情，不過其得禍在致余生一書，他的主張要存明代的系統，不能把南明的事情，一筆抹摋，他深引爲恨的，如致余生書所說：

「昔宋之亡也，區區海島一隅如彈丸黑子，不踰時而又已滅亡，而史猶得以備書其事。今以弘光之帝南京，隆武之帝閩越，永曆之帝兩粵，帝滇黔，地方數千里，首尾十七八年，揆以春秋之義，豈遽不如昭烈之在蜀，帝昺之在崖州，而其事漸以滅沒。近日方寬文字之禁，而天下之所避忌諱者萬端，其或菰蘆山澤之間，有廑廑誌其梗概，所謂存什一於千百，而其書未出，又無好事者，爲之掇拾，流傳不久，而已蕩爲清風，化爲冷灰，至於老將退卒，故家舊臣，遺民父老，相繼漸盡，而文獻無徵，凋殘零落，使一時成敗得失，孤忠效死，亂賊誤國，流離播遷之情狀，無以示於後世，豈不可歎也哉！終明之世，三百年無史，金匱石室之藏，恐終淪喪、放失，而世所流布，諸書缺略不詳，毀譽失實，嗟乎！世無子長孟堅，不可聊且命筆，鄙人無狀，竊有志焉。」

田有以修史自期，他的主張：南明三朝，立國南服，至少應如昭烈之在蜀，帝昺之在崖州，在歷史上應當有其地位，不宜一筆抹煞。這種說法，不僅是田有，凡明季遺老，差不多都有這樣的感想。如海濱野史之建州私志末附跋略云：

「……至於國統續絕，如漢魏章武、黃初之例斷，當以綱目爲準。清朝順治十有八年，歲在辛丑，世宗章皇帝崩，明年壬寅，吳三桂自緬甸獻捷，實永曆之十有六年而明亡。……統紀明之曆數，自洪武元年戊申，至永曆十六年壬寅，凡享國二百九十六年，而後以康熙元年繼之，如薛氏宋元通鑑，以庚辰之歲爲宋亡，而元繼之。蓋祥興二年，與至元十七年，皆庚辰也。後之作史者，宜加意焉。」

這種繼統的說法，見解是很對的，惟其正對，所以正觸犯了清廷大一統的威信，可以說是清廷最不願意聽的話，宜乎孝標田有受到殺身剉骨之禍了。至於這案發生以後，方氏一家，無辜致累，受禍最慘。拱乾父子以康熙壬寅先後還京。至是，孝標子登嶧及孫式濟本來是斬決的，經皇帝的市恩減死，重又遣戍到黑龍江去了。拱乾孝標他們家族三次遣戍，眞是逆料不到的事情。

登嶧子式濟著有龍沙紀略，一卷，已入四庫，據四庫提要云：「方式濟字屋源，號沃園，康熙己丑進士，官中書舍人，是編乃式濟之父登嶧謫居黑龍江時，式濟往省，因據所見聞，考核古蹟，勒爲九門，總名曰龍沙紀略。」登嶧父子俱戍，見於袁枚撰方觀承神道碑，四庫提要所記實誤。往龍沙省親的人，不是式濟而是式濟的兒子觀永、觀承兄弟，來往奔走接濟他們的生活，以作將伯之助，這實在有所可取的地方。淸徐錫齡熙朝新語卷八云：

「方恪敏公觀承，本名家子，祖父皆以詩文名於時，以族人累，徙居塞外。公弱冠歸金陵，家無一椽，借居淸涼山僧寺，有中州僧，知爲非常人，厚遇之。公與兄觀永往來南北，營菽水之資，重趼徒步，并日而食，怡然安之。雍正壬子，平郡王爲定邊將軍，征準噶爾，夙知公才，奏爲記室，世宗命以布衣召見，賜中書銜，偕往，凱旋，以軍功實授內閣中書，累官至直隸總督。」

又陳其元庸閒齋筆記卷十，方恪敏軼事條云：

「先大父嘗言：高祖萼南公，雍正丁未會試，與仁和沈椒園先生，共坐一車，每日恆見一少年，步行隨車後，異而問之，自言桐城方氏，將省親塞外，乏資，故徒步耳。二公憐其孝，援令登車，而車狹不能容。於是共議，每人日輪替行三十里，俾得省六十里之勞，到京別去，不復相問聞矣。後二十餘年，萼南公以雲南守赴都，椒園先生時陳臬山左，亦入覲，途中忽有直隸總督差官來迓，固邀至節署，相見，則總督即方氏子，歡然握手，張筵樂飲十日，稱爲車笠之交，一時傳爲美談。」

至方氏族人得還故里約在雍正元年，皖志列傳卷二云：「貞觀善行楷，世以比汪士鋐、王澍，名滿淮揚間，胸次灑落，終身韋布，若不知身爲華冑。壯歲以南山集牽累出關，羈懷旅緒，屈鬱抑塞，雖寓之歌詩，而益造平淡，雍正元年放歸。」其後若恪敏公的豐功偉業，以不在本文範圍之內，故不贅述了。

七　三藩之變與陳夢雷兩次流徙

淸康熙二十一年，平定三藩之後，首事及附逆諸人，分別治罪，其大批人犯，從逆諸臣，都謫戍到尙陽堡去，陳夢雷，卽爲其中之一。東華錄：

「康熙二十一年壬戌正月戊辰，議政大臣會議逆賊耿精忠等分別凌遲處斬，具題。得旨：耿精忠、劉進忠首級著梟示，田起蛟、金鏡、李學詩、陳夢雷，俱從寬免死。內係旗人給與伊本爲奴，係民入官給披甲新滿洲爲奴，餘如議。」

已入仕淸廷而附逆的，不僅侯官陳夢雷一人，還有安溪李光地，與陳夢雷同歲舉進士，同官編修。當三藩之變，同投身耿幕，同以草蠟丸書，供給淸廷消息，以作內部的策應。耿精忠失敗之後，要是受賞，他們應當同受上賞，受罰也應當同受處分。結果光地作了淸廷的顯官，理學名儒；而夢雷卻作了階下的囚犯，遣戍瀋陽，當時人士，憤恨不平，說光地賣友求榮，對於他這種行爲，很不滿意。錢林文獻徵存錄卷一，陳夢雷傳云：

「陳夢雷，字則震，福州閩縣人（夢雷，侯官人，此誤），未冠成進士，時康熙九年也。選庶吉士，除編修，請假歸，會耿精忠叛，以兵脅諸名士，縶夢雷及其父於僧寺中，夢雷託言有疷瘠疾，疾愈當起，而陰遣使間道入京師，陳賊中情狀，兵阻不得進。有陳昉者行賊僞命，京師皆傳以爲夢雷也。賊平議罪，徵下詔獄；證具矣。聖祖憐之，謫戍尚陽堡。初夢雷與安溪李光地爲同年生，相友善，及難作，光地亦在假，夢雷潛通書約，共圖賊，旣光地在賊中，用蠟丸上密疏有功超拜學士，而夢雷方蹈不測，無以自明，希光地爲助，卒莫能昌言救之。……夢雷才敏妙，能國書，在塞外十餘年，公卿子弟，受業者衆。聖祖東巡，夢雷獻詩稱旨，釋歸，命編輯古今圖書集成。久之復緣事謫戍，卒於戍所。著有周易淺述八卷，松鶴山房集十六卷，天一道人集一百卷，又爲閑止書堂集鈔二卷。」

按夢雷字省齋，又號則震，此書於則震籍貫，及著述卷帙，不免小有錯誤，但對於則震行事，則頗能持平。至李光地賣友行爲，頗遭物議，雖當時人士，也不滿意他，朱竹垞彝尊雜詩有云：「君看蘇子卿，豈絕李騫期？」上句說安溪的薄情，下句說則震的從賊，兩不直之，就是後來同鄉後進，也多不能爲之袒護。淸長樂謝章鋌枚如，圍爐瑣憶卷一云：

「閑止書堂集鈔二卷，侯官陳省齋夢雷所著，蓋戍遼左時也。前有同里黃鶯序，後有舊僕楊昭跋。中有與安溪相國絕交書，約二千餘言，大抵謂平耿之策，出於省齋，而相國負心冒功，致其投荒萬里，辭旨淒憤，令人淚下。先輩云：省齋是書始出，李氏子弟囑人四處收燬，每篇酬以安溪集一部。然傳鈔者衆，卒亦不能磨滅。相國坐是名望大損，不得配食兩廡云。」

他又慷慨的說：

「嗟乎！宰相儻來物耳，使安溪有宰相之命，即不負省齋，亦將宰相，且即負省齋，亦不過宰相也。貪功一朝，口實千古，安溪其失計矣！君子所以嚴辨於義利之交者此也。」

以光地與則震爲同窗至友，反目無情，轉不如則震僕人楊昭，尙有患難相依之情，楊昭跋閑止書堂集鈔有云：「惟念魂銷雪窖，丹書未逮夜郎；淚灑冰天，皂帽空羈遼左。是用蕪檢奚囊，薰翻枕祕，鴻篇千什，全梓力尙未能，猿淚三聲，變徵期先助嗟！」是篇或出於則震手筆，就此也可以看出他的悲憤的情緒。

惟淸史稿列傳四十九李光地傳云：

「陳夢雷，侯官人，與光地同歲舉進士，同官編修。方家居，精忠亂作，光地使日煜潛詣夢雷，探消息，得虛實，約並具密疏，陳破賊狀，光地獨上之，由是大受寵眷，及精忠敗，夢雷以附逆逮京師，下獄論斬，光地乃疏陳兩次密約狀，夢雷得減死戍奉天。」

是編雖稱光地密救則震，其實不確，然而光地攘則震密疏之功，事實具在，不能諱免的。因是則震無人緩頰，被罪遣戍到了瀋陽，於憤恨之餘，給光地寫了篇絕交書，並且又作一篇訴城隍文，不能白之於人者，乃欲訴諸於天，痛詆光地，實在不能說是過激，後來還是徐乾學，代李光地上了篇營救則震的疏，則震纔能釋回京師。余曾得淸康熙活字本松鶴山房詩集九卷，松鶴山房的名義，是康熙帝賜他一副「松高枝葉茂，鶴老羽毛新。」的對聯，約取松鶴二字，卽以題他的集子，乃據是書，及參互羣籍，草了一編陳則震事輯，詳述則震與光地絕交，及光地賣友的經過，茲不贅述。這裏我們要說的是則震先後遷戍的情況。

據松鶴山房集，所撰斌侯府君行狀、李孺人行狀及與徐健庵書，可約略知道則震一生行事，及遷謫的梗概。則震父諱會捷，生子夢雷、夢熊、夢鵬兄弟三人，夢雷居長，少穎悟，年十二已入泮宮，年十九舉於鄉，康熙九年庚戌成進士，官翰林編修。十二年癸丑返閩省親，越明年三月而耿逆之變起，與李光地共商滅敵之計。十六年光地奔喪返里，約同入都，不復與共。至十七年則震乃待罪入都，後數月始知有逆黨告訐一事。蓋以密謀請兵之事旣著，爲逆黨所忌，故當上變時，誣入則震之名，且當時有陳昉者，授僞職，遂誤指則震授僞學士，由是誣衊之來，不能自白。十八年己未返閩。十九年庚申，被逮坐繫西曹，母卒。二十年辛酉四月，廷鞫論斬。二十一年壬戌蒙荷特旨減死謫戍奉天，癸亥抵瀋陽。三十二年癸酉，父斌侯卒。甲戌春始得消息，時則震承京兆之命，修奉天通志，以故奉錦二郡皆來弔奠。丙子春輸粟捐贖入都，未蒙俞允。六月返陪都，旋遷居白雲，買許氏宅，山水清奇，不減故園風味，集中有詩，寫其風景之美。未幾原配李孺人積勞病卒。戊寅聖祖東巡，則震得覲陳訴，蒙恩召回京師，侍皇三子誠郡王讀書。

以上摭拾松鶴山房集所載事實，可當作則震大事年表，也可以知道謫戍奉天大概狀況，則震抵奉天與徐乾學書云：

「初夏三日，既已得主，遂入厮養之列，書生孱弱，不足以供驅策，亦稍從稷圃擁帚之事。起居拘逼，飲食不宜，百感攻心，遂至伏枕。主人憐其委頓，始許養疴僧寺，每南向望雲，神色煩亂，家無儋石，菽水誰共？老母靈車，侵逼風露，剌心之痛，莫能抑遏。」

則震初抵瀋陽，起居習慣，自然都感到痛苦，後來得到董京兆的優待，境遇便好起來，一般士大夫，也肯與之來往，慢慢的，人們也知道他學問之淵博，執經問業者，因之接踵而至，在他集子裏可以查出來的，有上谷孫鳴玉，官某，鐵式之，費定侯，席寧武，傅六平，莫宗程，闕有穀。庚午秋闈及門預試者六人，河蒼霖獲雋，錫山吳生，得中副車，在遐荒之中，一般士子，經則震循循善誘，都知道向學，遂開了東北治學的風氣，玄燁命他侍胤祉讀書，恐怕也因爲這個緣故吧？則震除了教書而外，他還徵輯文獻，爲當局修志，可知道的，就有代董京兆修的盛京通志，其他尙有承德縣志，海城縣志，蓋平縣志，體例都非常詳備，所撰各志序目，載在集中，可算研究遼海掌故最早的人物了。

則震除了與士夫交結，他尤喜與方外爲友，因爲那時的和尙，有不少明季遺民，出家爲僧，在無可奈何之中，度他們寂寞的歲月。有僧願山嘗建菩薩閣在郡城之西偏，苦志修行，與則震爲友。又有心月上人，住在瀋陽斗母宮，比則震早兩年入都，到蘆溝橋去閉關。還有西公和尙俗姓蒲氏，法諱某，蘭陵人，參學於宜興善權洞，康熙甲子遊盛京，則震恰遭父喪，西公爲之誦經超度。到了康熙戊寅則震被召回都，得重晤和尙於京師，相見之下，悲歡交集，另有一番滋味。集中有玉林和尙贊，就是順治時國師玉林琇，他是清初鼎鼎有名的和尙，與泰西湯若望，宏參釋耶的道理，與順治出家的問題極有關係，也與則震結了善緣。

則震以顚沛的中間，得以重返京師，玄燁命他侍皇三子誠郡王胤祉讀書北園，他便於優閑的歲月中，從事著述，纂修了一部最偉大的彙編，可以說是一部百科全書，到了雍正朝纔改名爲古今圖書集成，文集卷二進彙編啓略云：

「雷賦命淺薄，氣質昏愚，讀書五十載，而技能無一可稱，涉獵萬餘卷，而記述無一可舉，深恐上負慈恩，惟有掇拾簡編，以類相從，仰備顧問。而我王爺聰明睿智，於講論經史之餘，賜之教誨，謂三通衍義等書，詳於政典，未及蟲魚草木之微，類函御覽諸家，但資詞藻，未及天德王道之大，必大小一貫，上下古今，類列部分，有綱有紀，勒成一書，庶足以大光聖朝文治。雷聞命踴躍，喜懼交並，自揣五十年來，無他嗜好，惟有日抱遺編，今何幸大慰所懷，不揣蚊力負山，遂以一人獨肩斯任。謹於康熙四十年，十月爲始，領銀僱人繕寫，蒙我王爺殿下，頒發協一堂所藏鴻編，合之雷家經史子集約計一萬五千餘卷。至此四十五年四月內，書得告成，分爲彙編者六，爲志三十有二，爲部六千有零，凡在六合之內，鉅細畢舉，其在十三經、二十一史者，隻字不遺；其在稗史子集者，亦只删一二，以百篇爲一卷，可得三千六百餘卷，若以古人卷帙較之，可得萬餘卷，雷三載之內，目營手檢，無間晨夕，幸而綱舉目張，差有條理，謹先謄目錄凡例爲一冊上呈。」

所謂彙編者六，就是古今圖書集成的曆象、方輿、明倫、博物、理學、經濟等六編。後來雍正間命蔣廷錫重爲編輯，與夢雷原本，並沒有多少增減的地方，這時則震在京師陪胤祉讀書，皇帝並賜他宅子在皇城以北，又於西山爲他起了別墅在西郊的水村，坐擁書城，又享受著園林之樂，比在遼左奔走冰天雪窖的時光，要好得多了。他住的城北的房子，名叫半園，有花木亭榭之盛。詩集有云：「賜宅在城北，此宅本華胄，扈蹕詣西郊，別業多楡柳。」至於西郊的水村，詩集卷五水村十二景引云：

「水村在城西北，河流環繞，楡柳千株，舊有監司建樓，其地俗呼一間樓，後入貴戚，而臺榭增設矣。吾王殿下購得，命余居之。賜河西田二頃，俾得遂農圃之願也。續建斗閣三楹，晨夕祝聖命，余典其事。有亭供蓬萊諸仙像。知余素學內觀，賜榻一，亦願犬馬之稍延殘喘也。余兼置琴一張，舊曲皆忘，撫弦適意而已。釣竿一具，不必皆得魚也。其下書室三楹，貯所著彙編三千餘卷，校閱之暇，泛艇渡河，與田夫野老，量晴較雨乃歸。方搴葦撥荇，沿河逐鵝羣，聽蛙鼓，聞天際笙歌隱隱，小僮吹笛和之，月已掛林梢矣。」

這是何等樣的快樂，聖祖玄燁有時還到他齋中，御賜了一付對聯，上邊寫著的是：「松高枝葉茂，鶴老羽毛新。」在專制時代，能得到皇帝御賜楹聯，那又是何等樣的光榮，他的好朋友楊文言給他松鶴山房集作的序文上說：「修髯玉立，頗不似當日恇羸纖弱之狀。」眞可以說在則震一生，是他的黃金時代了。假若他曉得日盈則昃，月盈則虧的話，及早引退，遂了他請假之疏，返回故里，那也不至於有垂老重戍之厄了。可是好夢不長，盛筵難再，則震的蹇運又開始了。則震作客誠邸，最多也不過二十年，到了康熙五十年以後，廢了太子胤礽，因爲胤祉與胤礽相厚，胤祉也就疏遠起來，未幾聖祖駕崩，世宗卽位，以世宗的猜忌成性，看他兄弟們如眼中釘，對於誠邸的食客，那還不先斫去枝葉，所以在世宗卽位不到幾個月就下一條上諭，東華錄雍正朝卷一云：

「康熙六十一年十二月癸亥諭：陳夢雷原係叛附耿精忠之人，皇考寬仁免死，發往關東，後東巡時，以其平日稍知學問，帶回京，交誠親王處行走。累年以來，招搖無忌，不法甚多，京師斷不可留，著將陳夢雷父子，發遣邊外。或有陳夢雷之門生，平日在外生事者，亦卽指明陳奏。楊文言乃耿逆僞相，一時漏網，公然潛匿京師，著書立說，今雖已服冥刑，如有子弟在京，亦卽奏明驅遣，爾等毋得隱匿。陳夢雷處所存古今圖書集成一書，皆皇考指示訓誨，欽定條例，費數十年聖心，故能貫穿古今，彙合經史，天文地理，皆有圖記，下至山川草木，百工製造，海西祕法，靡不備具，洵爲典籍之大觀，此書工猶未竣，著九卿公舉一二學問淵通之人，令其編輯竣事。原稿內有訛錯未當者，卽加潤色增刪，仰副皇考稽古博覽之至意。」

又卷二云：

「雍正元年二月庚申諭：陳夢雷罪大惡極，朕詢問九卿大臣，僉云陳夢雷斷不可留，應卽正法，朕猶將伊免死，發遣。陶賴、張廷樞，竟將奉遣之犯陳夢雷二子，擅自釋放，朕猶欲保全大臣，免其治罪，止以降級結案。爾等果能悛改惡習，竭力供職，一二年之中，必有誠於中，而形於外者，朕自必知之。」

那時世宗把這件事看得極重，連釋放則震二子的陶賴、張廷樞，都被譴責降級，誰又敢為則震說幾句話呢。則震蒙東宮以睿製詩十首賜示恭紀其盛詩三首，由誠郡王代進原序云：「荏苒十有六年，年已六十有四。」時為康熙五十三年甲午，至六十一年，則震年已七十有二，以白首老翁，遠戍邊外，再受著那絕塞荒寒之苦，恐怕是難有生還之望了，還是他老朋友李光地罷，看見他少年的窗友，垂老遣戍，恐怕要永留絕域，再不會給他作對了，於是大發程朱道義之心，來收他的骸骨！謝章鋌賭棋山莊集卷七，與惺齋論安溪密疏略云：「安溪之救省齋，蓋在省齋赦歸之後，以白衣纂修圖書集成。又以交結近侍獲遣，安溪密救，故遺骸終得歸葬，理或然云！」陳恭甫左海文集，有安溪蠟丸辨大略謂：「蠟丸案與省齋無與，乃東海（徐乾學）忌安溪之才，教省齋極力詆諆，冀以脫罪，已遂從而下石焉。閑止堂集訴城隍文，與厚庵絕交書，皆後來詭辭耳。」這些話全是為安溪解脫，雖不惜誣衊事實，以全安溪的令名，也就是為道學家張目。可是他詩集裏面有一首弔陳省齋七律，原詩云：

「承明詞客出蓬萊，弱冠青袍陷賊哀！盛憲還家空構難，江淹下獄獨憐才。九原良友誰無負？絕塞荒骸詔許回！白草黃沙虛冢在，行人休擬李陵臺。」

這首詩明指安溪賣友的故事，也許則震歿後，得歸葬田里，是光地設法救回的。就是為光地辯護的陳恭甫對於九原負友，也不能不歎口氣，以道學家而做出這種事，那眞是有遺憾喲！總而言之，讀書人，就是所謂士族，無論在什麼時代都是寄人籬下，要不是自立不惑，抱定宗旨，自求生路的人，那末止有像方苞、李光地，委曲了本心，帶上一具假道學的面孔，來欺騙社會，自然受人歡迎，如若不然的話，止有任人譏笑好了！

八　其他遺戍諸人

以上所說的，就是所謂士流，鑒於明廷傾覆，懷抱著恢復思想，要作抗清的運動；或者迫於不得已，應試新朝，心懷不平，發抒些悶氣，致干清廷禁網，因之流責遣戍。這編我們要說的是：甚至入仕清朝，降志辱身，甘爲臣僕的人，偶然爲國家人民，說幾句公平話，也要獲得罪戾，重則殺身，輕則也要遣戍。茲將順治以迄雍正，因言事而犯罪的臣子，或因清初時局不定，流離遼海的人，也不在少數。條述於后：

一、當清兵初入中國，那種殘酷的狀態，除了厚顏無恥的去當他們的爪牙，要是稍爲有點智識的人，誰也不肯投效新朝，順治帝爲了要收買人心，整理局面，他不得不招徠羣衆，邪正兼收，用以華治華的方法來統治中國。到了江南穩定之後，時局漸安，魏黨的餘孽，和江南社盟的人物，慢慢的都跑來入仕清廷，那時漢族的大臣，一方面勾結滿洲的要人，一方面厚植黨羽，互相傾軋。北方的人以馮銓爲黨魁，南方的人以陳名夏、陳之遴爲領袖，又重演以往的醜態，順治帝看清了他們的弱點，而且大局已經漸入了軌道，他不必與漢人虛與委蛇了，於是他先從言官和內閣大臣做起，偶一不愼，他便把住一個小把柄，來痛責言官，加以罪名，謫戍流徙實在不算一回事情。淸史稿列傳卷三十一李森先傳云：

「十五年（順治）應詔陳言略曰：上孜孜圖治，求言詔屢下，而遲回觀望者，皆以從前言事諸臣，一經懲創，則流徙永錮，相率以言路爲戒耳。臣以爲欲開言路，宜先寬言官之罰，如流徙諫臣：李呈祥、季開生、魏琯、李裀、郝浴、張鳴駿等，皆與恩詔，因公詿誤例相應，倘蒙俯賜軫恤，使天下昭然，知上寬宥直臣，在遠不遺。凡有言責者，有不洗心竭慮而興起者乎？上責其市恩徇情，奪官下刑部，議流徙尙陽堡，上仍寬之，復原官。十七年，上命釋呈祥，開生歸葬，餘雖係建言，情罪不同，無可寬免。」

那時大臣和言官，討論朝政，觸犯了淸廷忌諱的，不外下列這幾個焦點：

甲　變易滿漢風俗問題。明淸兩代衣冠不同，風俗習慣也不一樣，當淸廷初統治中國，要叫漢人統統辮髮左衽，是一件不可能的事，也是一件最不容易收拾人心的事。那時溧陽陳名夏，爲黨社的領袖，投降淸朝，做了宏文殿大學士，有人問他：「怎樣能統治中國？」他說：「要天下太平須依我兩件事。」那人問他那兩件事？他說：「祇要留頭髮，回復明代的衣冠，天下就太平了！」因爲這幾句話被寧完我所劾，就送掉性命。

乙　滿漢待遇平等的問題。滿淸入主中國，給滿人以種種便利，滿人趾高氣昂，彷佛征服的漢人，止可以做滿洲人的奴才。海昌陳之遴看著很過不去，他上奏摺說：「滿漢待遇應當一律平等，滿臣有罪，應當籍沒財產，降革世職。」因之觸犯了清廷功令，貶他到瀋陽居住，後來又說他受賄交結內侍吳良輔，流徙尙陽堡，死於戍所。同時還有李裀字龍袞，高密人，順治六年舉人，考授內閣中書舍人。他上疏諫，以爲：「皇上爲中國主，其視天下皆爲一家，必別之爲東人，又曰舊人，已歧爲二。」因陳積弊有七，得罪皇帝，謫戍寧古塔，尋卒戍所。

丙　藏匿逃人問題。清初圈田設莊，把人民的田地，把持到官家去，作他們王子王孫的私產，又捉拿民夫，當他們的奴才，人民受不了他們虐待的痛苦，有私自偸跑回去的；結果獲到了逃人，鞭撻治罪，就是私窩逃人的，也加以重罪。淸史稿卷三十一李裀傳云：「八旗以俘獲爲奴僕，主遇之虐，輒亡去。漢人有願隸八旗爲奴僕者，謂之投充，主遇之虐，亦亡去。逃人之法，自此始。」壽光魏琯時官順天府丞，看了淸廷這樣殘酷舉動，他上疏說：

「逃人日多，以投充者衆，本主私縱成習，聽其他往，日久不還，概訟爲逃人，逃人至再，罪止鞭百；而窩逃猶論斬，籍人口財產給本主，與叛逆無異，非法之平。」

又言：

「窩逃痍斃，妻子應免其流徙，時遇熱審，亦應一體減等。」

那時的逃人，無異大地主的佃奴，鞭撻任意，實在太不人道，皇帝看了他們的奏摺，反說李裀要譽市恩，奪了官爵，謫戍寧古塔，卒死戍所。

丁　以言事及文字得罪諸臣。若季開生以諫順治帝到揚州去採訪秀女，坐是落官謫戍寧古塔，這是淸代言官獲罪第一個人，已如上述。又如安邱劉正宗，明崇禎進士，入淸官吏部侍郎。他的朋友張縉彥，爲他文集作序，內中有：「將明之才」，干了淸廷忌諱。正宗因是奪官逮訊。魏裔介劾奏縉彥，編刻無聲畫傳奇，自稱不死英雄，大惑人心，有害風俗，應當論斬。經皇帝的開恩，減死抄家，流戍寧古塔。這裏說的張縉彥，就是吳漢槎目爲「河朔英靈，而有江左風味」的張坦公，可見坦公是一位很風雅的人物。

二、旣至康熙季年，廢了太子胤礽，他的諸弟胤祉、胤禎等兄弟鬩牆，鬧了不少家務，結果胤禎勝利，康熙歿後，胤禎入繼大統，就是雍正皇帝，他素以苛察爲明，慘忍爲性，首先要除掉的，就是他的舅父而兼顧命大臣隆科多，和封疆大臣年羹堯。他說：隆科多與年羹堯交結專權，諸事欺隱，以顧命老臣，免其正法，於暢春園外築屋三楹，永遠禁錮，妻子免入，辛者庫，岳興阿奪官，其子玉柱發黑龍江。雍正六年六月，隆科多死於禁所。我們知道，陳夢雷以依附胤祉重遭遷徙，由是可知當隆科多、年羹堯專權擅政的時代，攀龍附鳳的人，一定不在少數，當時經年羹堯推薦的，就叫作年選，那時被推薦的人，也是聲勢煊赫，輕裘怒馬，自鳴得意；誰知道不到幾年工夫，冰山既倒，他們依附的人們也就隨之受了重譴。例如查嗣廷，他是受隆科多推薦，坐悖逆誅死，就是其中的一個。如今所說的是因隆科多、年羹堯之獄，牽連被誅，至其家屬流徙到關外去的人物，略舉於下。

甲　汪景祺西征隨筆獄。景祺杭州人，隨年羹堯爲記室，羹堯爲人告訐，大逆罪中，有見汪景祺西征隨筆，不行參奏等語，旋由刑部等衙門議奏。據東華錄：

「雍正三年十二月辛巳，得旨：汪景祺作詩譏訕聖祖，大逆不道，著將汪景祺立斬梟示，其妻子發遣黑龍江，給與窮披甲爲奴。其期服之親兄弟、親姪俱著革職，發遣寧古塔，其五服以內之族人見任、及候選候補者，俱著查出，一一革職，伊本籍地方官約束，不許出境。」

現在汪景祺所撰西征隨筆，已由故宮博物院印出，不過語涉旅店狎妓，近於穢褻，實在沒有多大觸犯忌諱的地方。

乙　查嗣庭文字獄。嗣庭浙江海寧人，爲隆科多所推薦，官內閣學士，後任命爲江西正考官，所出試題爲「維民所止」，忌恨他的人，謂維止二字意在把雍正二字去了頭，含有誣衊朝廷不遵國法的意思，胤禎非常的生氣，連忙下了道上諭，東華錄云：

「雍正四年十二月乙卯，今閱江西試錄，所出題目，顯露心懷怨望，譏刺時事，料其居心澆薄乖張，平日必有記載，遣人査其寓所及行李中，則有日記二本，悖亂荒唐，怨悱捏造之語甚多，又於聖祖用人行政，大肆訕謗。……今若但就科場題目，加以處分，則天下之人，必有以査嗣庭出於無心，偶因文字獲罪，爲伊稱屈者，今種種事蹟見在，尙有何辭以爲之解免乎？」

結果，嗣庭瘐死獄中，戮尸梟示，並其兄愼行、嗣瑮，遣戍有差，其子坐死，家屬流放。胤禎遂慨然的說道：

「浙江風俗澆漓，像嗣庭這種人，尤玷辱科名，著停浙江鄉試會試，以示儆戒。」

其餘若謝濟世、陸生柟獄案，以不在遣戍之列，故不贅述。

丙　呂留良以曾靜文字獄戮尸。留良字用晦，號晚村，浙江石門人，他是程朱派的理學家，富於革命思想，盡人皆知，身後爲曾靜文字獄所累。緣晚村沒後四十年，湖南永興縣有號稱蒲潭先生曾靜這個人，他讀晚村遺書，明於夷夏之辨，深慕他的學問，就派他的學生張熙，到晚村家中訪他的遺書，晚村子毅中，把父親的遺書捧出來給他，裏邊全是排滿的話，更加欽慕，就與晚村弟子嚴鴻逵、沈在寬往來甚密，賦詩酬答。到了雍正初年，曾靜認爲有機可乘，就遣他弟子張熙，到川陝總督岳鍾琪那裏去，遊說他起兵抗淸，事爲鍾琪奏聞。訟獄連年，至雍正十年判決：呂留良、呂葆中、嚴鴻逵均戮屍梟首，呂毅中、沈在寬皆被斬決，孫輩發往寧古塔，給披甲人爲奴。桐城孫學顏序留良書，與周敬輿、車鼎豐、鼎賁、黃補庵等同棄市。曾靜教他去宣傳大義覺迷錄，卻逍遙法外。但晚村孫輩流戍寧古塔，各書記載，多語焉不詳。惟章炳麟太炎文錄續編卷六，書用晦事云：

「……用晦本豪傑，祖父爲明淮府儀賓，家既給富，北都亡，年始十六，散萬金以結客，往來銅鑪石鏡間，竄伏林莽，數日不一食，事竟不就。淸順治初爲怨家所訐，從子亮功論死，而用晦得脫，爲保宗計，始易名光輪，出就試，至淸康熙五年，仇復事定，乃棄諸生。……用晦舉事既不就，以被迫應童子試，旋卽棄去，其名留良，取子房報韓義，觀其詩率爲故國發憤，時若擴厲，要非可以飾爲者，繼志述志，不得之于其子，而得之于弟子嚴鴻逵、沈在寬，則其所不意也。要之俠士報國，其人足重；朱學科舉，皆非其素志云。用晦長子公忠，小字大火，後改葆中；次子毅中，小字辟惡。曾靜事起，用晦與葆中皆戮尸，毅中處斬，諸孫皆戍寧古塔。後以佗事，又改發黑龍江，隸水師營。民國元年，余至齊齊哈爾，釋奠於用晦影堂，後裔多以塾師、醫藥、商販爲業。士人稱之曰老呂家，雖爲臺隸，求師者必于呂氏，諸犯官遣戍者，必履其庭，故土人不敢輕，其後裔亦未嘗自屈也。初開原鐵嶺以外，皆故胡地，無讀書識字者，寧古塔人知書，由方孝標後裔謫戍者開之，（按楊安城啓發最深，不僅孝標一人。）齊齊哈爾人知書，由呂用晦後裔謫戍者開之，至于今用夏變夷之功亦著矣。」

呂氏後人遺戍，嚴沈兩家子弟，也應當謫遣，前人記事，恐已失載。呂氏後人，重發黑龍江，亦猶如祁班孫、吳漢槎的北徙烏剌，充當水兵一樣，土人稱爲老呂家，是東北人稱呼人一種習慣，如姓王的，就叫他做老王家，通常都是如此。至呂氏之著名東省，我嘗聽見到齊齊哈爾的朋友，都這樣說過，一點也不錯的。

三、除以上所舉順、康、雍三朝，因言事或文字獄獲罪遣戍諸人而外，在康熙的季年，還有朱三太子一案，即上章所述饒陽令李光遠，以明崇禎三太子定王案株連遣戍伯都訥的故事。光遠蓬萊人，清稗類鈔作方遠，於路氏筵席中間，晤浙中名士張潛齋，看見他丰標秀整，議論風生，遂與訂交。後來請到他家，教他諸孫讀書，未幾張潛齋被捕，光遠也因之牽連入獄，纔知道張潛齋又名王士元，實即朱三太子，名慈煥，因遊覽江湖，所以屢改姓名，恐被人發覺，並沒有什麼謀反的行爲，然而終被山東撫軍所逮捕了。械送杭州，嚴加審訊，遂成了定讞。東華錄云：

「康熙四十七年，六月乙丑，九卿遵旨再議覆侍郎穆丹所審浙江賊犯朱三，即王士元等，仍照前議立斬，朱[illegible]等三十三人，內董克昌等二十六人，改發寧古塔，僧洞然仍監候，秋後處決。江南賊犯錢保等五十人，仍照前議，其立斬張世侯等四十二人內，張世侯、徐四，仍即處斬，王齊七等四十八人改發寧古塔。得旨，匪類稱朱三者甚多，著將朱三即王士元，伊子朱[illegible]，朱圭、朱壬、朱在、朱坤、伊孫朱鈺寶等，帶京城問明正法。僧洞然依擬應斬，秋後處決，餘俱從寬免死，並伊等妻子、發往寧古塔。江南賊犯案內錢保、王柏等俱凌遲處死，張世侯，徐四依擬立斬。施先等四十七人擬凌遲處死者，俱著改爲立斬，餘俱從寬免死，並伊妻子，發往寧古塔。」

據淸稗類鈔是案牽連者共百餘名，數目相當可觀，遣戍人犯分三起充發，一、寧古塔，二、齊齊哈爾，三、伯都訥。東華錄不載李光遠姓名，亦不載朱三太子，又改名張潛齋，想係是遺漏了。

四、當明崇禎末年，畿南保定一帶，早被淸兵蹂躪得不像樣子，有不少人被淸兵俘掠到關外，還有淸兵入主中國，圈田之令下來以後，也有不少農民，跑到東北去。若淸初名儒顏習齋先生的父親，就是在崇禎間被淸兵掠去的其中一個，王源撰顏習齋先生傳云：

「習齋先生名元，字渾然，博野人。父昶爲蠡縣朱翁義子，遂姓朱，爲蠡人。先生孕十四月而生。崇禎戊寅（十四年）畿內兵，先生父被掠，去遼東。甲申鼎革，癸巳爲邑庠生，名朱邦良。先生幼穎異，讀書二三過，輒不忘。學神仙導引，娶妻不近，既而知其妄，乃益折節讀書。年二十餘尊陸王學，未幾歸程朱。初先生父被掠去，久之無音問，母亦他適，先生時思父涕泣，而事朱翁媼至孝，初不知父非朱氏子也。翁納妾生一子晃，稍疏先生，後更讒害，謀殺之。先生孝思益篤，媼卒，泣血數月，哀毁幾殆，朱氏一老翁憐之，私告其故，先生大驚，訪之信，及翁卒乃歸顏。」

李塨顏習齋先生年譜，述習齋尋父之事甚詳，玆摘錄其大要如次：

「康熙甲子（二十三年）年五十歲，決計尋親，四月八日隻身起行，如關東尋父。乙丑（二十四年）年五十一歲，二月二十日入海城，二十五日入遼陽，俱帖報貼，遍諸詢不得。三十日復返瀋陽，三月三日擬東往撫順。四日有瀋陽銀工金姓者，其婦見先生報帖，類尋其父者，使人延先生至家，問先生尋親緣故？先生泣訴，婦驚泣曰：此吾父也。先生乃詳問父名字，年貌，疤識皆合。婦又言，父至關東，初配王氏無出，繼配劉氏生已。曾以某年逃歸內地，及關被獲，遂絕念。康熙十一年四月十二日卒，葬韓英屯。因相向大哭，認爲兄妹。先生又出遍訪父故人，言如一，八日乃定稅服立主，慟哭，識交皆來弔奠，人人歎息稱道。四月朔奠先奉主歸。是日妹及妹夫金定國、識交等俱遠送，五月五日送至博野七里庵。」

此爲習齋間關尋父的故事。還有跋涉冰雪，出關尋弟弟的事情。淸初山西稷山縣有一位吳伯宗，自幼喪了父母，有兩個幼弟，患難相依，有一天他兩個弟弟同時失去了，過了幾年，纔發覺他兩個弟弟，一個在北京爲高姓的僕人，一個跑到關外，在寧古塔將軍部下充當奴才，伯宗不憚路途遙遠，把他兩個弟弟都接回來，見俞樾薈蕞編引李光地榕村集，文不具錄。這也可見伯宗篤于友于之情了。

以上所舉的，是從順治到雍正，謫戍東北流人片段的記載，其中遺漏，自不能免。這些人，都是單車就道，或者攜帶眷屬，來到東北荒寒的地方，久之纔成了一個部落。還有自順治以後山東和河北的老百姓，成羣結隊到東北去的也不在少處。據寧安縣志人物：「順治時移內省老民四十八家，至寧古塔，設置十三官莊，給田以耕。」至於投充旗下爲奴，或流徙大批流犯，到邊遠的地方，尤爲數見不鮮。黑龍江志略卷三云：「昔康熙年間，命盜重犯，減等發遣黑龍江，分別當差爲奴，至數千人。」這些流人，到東北去繁衍生息，無怪乎東北的人民，突然增加起來了。總之，在淸初時代，關內的人民，背鄉離井，被罪流徙，跑到冰天雪地，絕塞荒山的地方去，總是一件教人不快的事情，我還記得某家筆記裏面，有送友人出關詩：「馬後桃花馬前雪，教人那得不回頭。」遙遙前征，懷念故國的情況，可以於此概見。

九　結　論

我們上章所述的，清初歷年流徙的人物，用那些可歌可泣的故事，先民以往的偉蹟，給讀者以華族移殖東北的一個概念。我想清初這種流人遷戍制度，無異古代的實邊，借著流去大批罪人和無辜的良民，來繁榮荒涼的邊區，由清代的記載裏面，我們推測清初遷民，約可以分爲三期：

當努兒哈赤氏發跡東北，以十三副鎧甲起家，在黑水白山之間，人跡罕到的地方，併吞了葉赫、哈達諸部落，作了建州的酋長，兵械糧餉，並不是怎樣的充足，雖然精悍勇往到開原鐵嶺，往前推進；但是被明將楊鎬、熊廷弼屢次猛攻，軍隊人民，損失不在少數，時有補充的必要，無奈明廷運用失宜，節節後退，到了崇禎十二三年間，松山之役戰敗以後，滿洲的軍隊，長驅入關，近畿遷安、密雲一帶，已成了鐵騎出沒之區，京城到處受了包圍，形成了孤立之勢，鐵蹄所至，到處姦淫擄掠，無所不爲。據東華錄所載：清天聰九年（崇禎八年）清軍在山西北部掠去人畜七萬六千。崇德元年（崇禎九年）在畿輔俘虜人口十八萬；崇德四年（崇禎十二年）在直隸、山東一帶，俘獲人口四十六萬；崇德八年（崇禎十六年）在山東俘獲人口三十六萬九千。這種俘獲去的人口，都安插瀋陽各處，來充實他們的人口，雖然所說的數目，恐有誇辭，但是擄掠人口到東北去，是一個可靠的事實。顏習齋的父親，在崇禎十四年被掠到遼東去，就是其中一個例子，我們可以說這是遷民第一個時期。

到了順治六年，淸兵入關，定鼎北京，立了圈田、設官莊的制度，把關中的人民，移置到寧古塔一帶，設立官莊，分給田地令他們耕種，作生產積極的準備。那時遷民的辦法，把犯罪的囚犯，派到旗人名下，披甲爲奴，作種田的工作。如有自願去種地的，就充作莊丁；還有帶著地去投靠，就叫作帶地投充。可是淸廷鼓勵他們去當莊丁，但不許他們囘來，無異在大地主底下永遠做佃奴。如果他們偸跑囘來，這就叫做逃人，定了很重的罪，如獲到逃人，鞭撻一百，發還原主爲奴，但窩藏逃人的人家卻要論斬，這樣不平等刑罰，至今令人聞之，還是不寒而慄。如淸順治初遷關中老農四十八家，到寧古塔莊田裏去耕地，可以說是遷民的第二期。

淸代初年，初入中國，順治帝急於要收拾人心，來討好漢族，他不得不用以華治華的辦法，起用明代臣子，來做淸朝官吏，旣至天下稍定，他慢慢的信不過這一般投降的貳臣了，先從言官來開刀，於是李呈祥、季開生、魏琯等，首當其衝，謫戍到塞北。他又想對於這一些思想不良的讀書人，不立威不足以懾服他們反叛的心理，於是借科場和文字獄等等的案子，來殺一以儆百，誰遇見算誰倒霉，所以像吳漢槎、孫暘、祁班孫這一流人物，都謫戍到關外去，不然他們的罪名原是要殺頭的，流戍東北，還說是皇上的開恩，那些案子裏面，像龍眠方氏之全家流徙，朱三太子案牽連發遣到關外各地方去的，共有二三百人，在康熙十五六年間，流謫到寧古塔去的，中土的人民共有千餘家。其他如黑龍江、齊齊哈爾一帶，遷民何止數千人，一直到乾隆初年，縉紳士夫，改謫新疆爲止，雖然乾嘉而後，還有遷流到東北去的人，以不在這篇範圍以內，故不述及，在這時候的遷民，我們可以說是第三期。

總括三個時期，假如我這個推測不錯的話，那末，淸初謫戍實在是一個遷民實邊的政策，謫戍到東北去的人，至少也要在數十萬人以上，其中流離道路，窮死異鄉，更不知犧牲了多少人民。但是也有些無名英雄，在黑水白山中間，重新建設了一番事業，給人民謀了不少的福利，可是史缺無徵，就因之姓名也無從查考，這實在是一件可惜的事情。不過像吳漢槎、楊安城諸君，他們身來絕域，有些名公巨卿，來點染他們的偉蹟，流戍東北這件事，遂爲國人所注目了。

的確，在江南水鄉的人民，走到尙未開發的東北，眞是一件最痛苦的事情，走過了絕塞荒山數千里，遙遠的路程，冰天雪地，晴天還要飛著雪花，崎嶇的路上，看不見車塵馬跡，穿過了無邊的窩集（樹林子），偶一不愼還要掉到泥潭裏去，就是到達了戍所裏去，又任人鞭撻，居住在土屋土坑上，遠離鄉土，舉目無親，蓴鱸滋味，回想江南故園風光，如在目前，是怎樣淒慘的情況呀！然而人類是能以克服自然的，只要理智充足，羣策羣力，無論任何困難的環境，以我們的力量，總可以打破沈寂，開闢新局面，所以經吳漢槎、楊安城諸君，來到寧古塔不到十餘年的工夫，與昔日的荒涼的狀態，便迥然不同，寧古塔紀略云：「近來漢官到後，日向和暖，大異曩時，滿洲人云：此暖係蠻子帶來，可見天意垂憫流人，回此陽和。」是氣候也温暖起來，物產也豐富起來，他們滿人奴視華族，也頓然變了態度，把遊牧時代的滿洲，變成了農產豐盛的名都，這都是我們流徙東北的先哲多年經營、創獲所得的結果，對於開發吾國東北，無異的得到下列幾種影響：

一、民族精神的團結。在順治以前所去的流民，都是些窮苦無告的農民，充當莊園的佃農，或當旗人的奴才，任人鞭打，死了也無人可憐的朋友，自從僧函可、吳漢槎、楊安城來到東北，他們都是嶺海江南的名士，少年都入過社盟，他知道人類必須團結、同禦外侮的必要，所以僧函可在瀋陽立了冰天詩社，吳漢槎在寧古塔立了七謫之會，把謫戍的士夫，都聯絡在一起，名做詩酒之會，而實在是同氣連枝，在患難中間，無形中得到一種安慰，彼此就可以互助，滿洲人見他們彬彬有禮，智識學問，實在比他們要高得多，因之滿洲官吏，也不敢像以往待遇流人一樣，虐待輕視，而且物質上、精神上都得到他們協助的利益，遂立定了華族在滿洲的基礎。

二、商賈之雲集。物產豐富的東北，農產而外，貂皮人參，爲寧古塔出關最主要的貨物，其他出產物品尙不知有凡幾，但是士人們的生活，非常簡單，他們不知道貿易，一切起居服用，都很簡陋，楊安城初到寧古塔，曾教他們建築房屋，和壘土爲坑等事，並教他們拿糧食來換日用物品，慢慢的纔知道貿易，已見上章所引楊安城傳。楊賓柳邊紀略卷三云：

「陳敬尹爲余言，我於順治十二年流寧古塔，尙無漢人，滿洲富者，緝麻爲寒衣，擣麻爲絮。貧者衣麕鹿皮，不知有布帛，有之自予始。予曾以疋布易稗子穀三石五斗，有擔什庫得余一白布縫衣，元旦服之，人皆美焉。今居寧古塔者，衣食粗足，則皆服綢緞，天寒披重羊裘或猞猁猻狼皮，惟貧者乃服布，而敬尹則至今猶布袍，或著一羊皮緞套耳。」

但是自從吳漢槎等來到寧古塔以後，因道路通暢，人口增加，不到二十年功夫，風俗習慣大與昔日不同，漢槎寄顧舍人書云：

「寧古塔自（康熙）丁巳後，商販大集，南方珍貨，十備六七，街肆充溢，車騎照耀，絕非昔日陋劣光景。流人之善賈者，皆販鬻參貂，累金千百，或至有數千者。惟吾儕數子，以不善會計，日益潦倒，然弟亦不能棄捐筆與酒削賣漿，逐錐刀之利，短褐藜羹，任之而已。」

吳振臣寧古塔紀略云：

「後因吳三桂造逆，調兵一空，令漢人俱徙入城中，予家因移住西門內，內有東西大街，人於此開店貿易，從此人煙稠密，貨物客商，絡繹不絕，居然有華夏風景。」

楊賓柳邊紀略云：

「康熙十五年，移寧古塔將軍鎮之。中土流人千餘家，西門百貨湊集，旗亭戲館，無一不有。」

久之，漢人做賣買的，因獲到經濟的實權，遂居上位。柳邊紀略又云：

「凡東西關之賈者，皆漢人。滿洲官兵貧，衣食皆向熟賈賒取，俟月餉到乃償直，是以平居禮貌，必極恭敬；否則恐賈者之莫與也。況賈者皆流人中之尊顯而儒雅者，與將軍輩皆等夷交，年老者且弟視將軍輩，況下此者乎！」

這樣的賈人得到達官顯宦的重視，宜乎漢槎有短褐藜羹之歎了。

三、農產之發達。寧古塔一帶，土地本來肥饒，出產也很宏富，吳振臣謂：「雖山**蔬野蔌無不佳者。」但當淸初東北的士民，尙屬半遊牧時代，並不甚注意耕種，順治帝**

之設立莊田提倡耕耘，其原因也在於此。淸會典事例奉天府職掌治賦條云：

「康熙二十六年定，奉天曠土甚多，令府尹廣置官莊，多買牛種，酌量發遣之人，足應差使外，餘儘令其屯種，所收米穀，依時豐歉，設立官倉收儲。」

康熙初年，東北流徙人民，大半從事農商。至於種植菜蔬之法，亦由漢人教之。寧古塔紀略云：

「余家在東門外，有茅屋數椽，庭院寬曠，周圍皆木牆，沿街留一柴門，近窗牖處俱栽花木，餘地種瓜菜，家家如此，因無買處，必須自種。」

後來寧古塔本地人也知種菜蔬了。漢人並教他們採蜜之法，紀略云：

「采樵者，於枯樹中得蜂窩，其蜜無數，漢人教以煎熬之法，有蜜有蠟。遇喜慶事，漢人自爲蠟燭，滿洲人亦效之。」

自此而後東北之農產豐富，大豆、高粱，尤爲特產，而他們的習俗，漸漸的和關內一樣了。

四、文化之進展。當淸初寧古塔以北，荒寒地帶，本談不到什麽文化，自楊安城教他們建築房子，貨物貿易，人民漸漸的也知道了耕種收穫等事，不僅以漁獵爲業，那時候的人民已經很滿足的了。安城君說：「這還差得遠呢，我們所應當辦的，就是要先知道『禮教』」。因之安城君教他們識字念書，和禮義退讓的節度，士民非常的欽佩，就稱他爲楊長者。那時寧古塔那裏有書籍，止有楊安城帶來的幾本圖書，柳邊記略又云：

「寧古塔書籍最少。惟余父有五經、史記、漢書、李太白全集、昭明文選、歷代古文選。周長卿有杜工部、字彙、盛京通志。呀思哈阿媽有紀事本末。車爾漢阿媽有大學衍義、綱鑑白眉、皇明通紀纂。」

雖然很簡陋的幾本書，已經爲當時人所看重，互相欣賞。吳漢槎到寧古塔來也帶幾本書來，可惜老羌之役，副都統強迫他到烏拉當差，失去了不少。幸虧將軍巴海把他放囘來了。巴海雖是滿洲武人，卻看重了漢槎，很佩服他的學問，就延到署中教他的兩個兒子，長名額生、次名尹生讀書。自從漢槎爲將軍器重，一般人士，都來請業問學，遂以館穀爲業。寧古塔紀略云：

「乃皇天默佑，荷戈二十三年，百冷辟易，疾疢不作，所遇將軍固山，無不憐其才，待以殊禮，窮邊子弟，負耒傳經，據鞍弦誦，彬彬乎，冰山雪窖之鄉，翻成說禮敦詩之國矣。」

楊賓稱其父云：「先子謫居久，變其國俗，不異於管寧王烈之居東，寧古塔人，至今思之。」大概讀書人流戍到東北的，都以教書爲業，像陳夢雷他在瀋陽也是聚徒講學，成才甚衆。尤其是吉林文風，到現在還是很盛，也是吳楊兩君，在寧古塔教化之功罷。除了士夫而外，還有許多名僧，也來到東北，提倡教化，如函可之大闡法教，創立了普濟、廣慈、大寧等七座大刹，收了法徒約六七百衆。在瀋陽的和尙，有願山和心月上人，見於陳夢雷松鶴堂集。在寧古塔的，據寧古塔紀略，有僧人靜今，因事遣戍，建觀音閣，夏秋之間，遷客騷人，多來廟裏遊玩，與吳漢槎爲友。我看靜今，恐怕是今靜，也許是函可的弟子罷。

我們由文化、宗教，再談到戲劇，前章所說的張坦公縉彥，他曾作過一部傳奇，名無聲畫，他是拍曲的名手，當遣戍寧古塔時，雖楚囚對吟，過着謫戍的生活，但仍是豪興不減。柳邊紀略云：

「康熙初，寧古塔張坦公有歌姬十人，李兼汝、祁奕喜教優兒十六人，後皆散。今惟有執倒刺而謳者，而山東賣解女子，則於己巳年一至云。」

這可見他們雖在戍所，還有閒情逸致，到底是縉紳士夫，非寒士所能辦到，然而崑弋名曲，下里巴人，都流傳到塞北了。

綜合以上四點看來，吾國先民，流離荒徼，慘淡經營，煞費了無限的心血，由榛莽的地帶，漸漸變成極繁盛的區域，實非一朝一夕，所可想像而能辦到的，直至九一八前夕，東北的物產、工業、交通、建築那種猛進，就是吾國腹地的江南，也要望而卻步，中間雖經強鄰的覬覦，日本的攫奪，東北的人民，時刻的忘不了祖國。回看今日的東北，在槍林彈雨之中，吾盼吾國人民，也千萬不要忘記了東北！

民國三十六年十一月二十日屬稿，十二月五日草成於滬濱寄廬。

十　餘記

是編既已草成，已經付印，恰又得到一些材料，足以補是書未完備的地方，因爲條述於後：

一、吳梅村之出仕新朝，實由於陳之遴援引，之遴得罪遣戍，梅村旋亦引退，白紙上徒沾染上許多汚點，這眞是一樁不值得的事情。梅村集中有詠拙政園山茶詩卽爲之遴而作，含有無限的感慨。可是之遴爲海寧巨族，一門風雅。之遴的夫人徐明霞，也能詩詞，善繪佛像。沈銘彝孟廬雜記卷二云：

「海寧陳彥升相國之遴，崇禎丁丑進士，榜眼及第，入淸官至宏文院大學士，以事株累，謫戍塞外。母太夫人，及兄弟偕行。吳梅村祭酒詩，所云：『生兒眞悔作公卿』也。後已賜環，有疑其與中使往還者，乃再謫，竟歿戍所，諸子亦先後摧折。夫人徐氏，於康熙十年九月聖祖謁陵，跪迎道旁，手疏面陳，上曰：『豈有寃乎？』夫人曰：『先臣惟知思過，豈敢言寃；伏惟皇上覆載之仁，俯賜先臣歸骨。』因得旨命家屬扶櫬還，時相國沒已五年矣。夫人名燦，字明霞，號湘蘋，吳縣人，光祿丞子懋女，幼通書史，工詩詞，嘗手自編次，題曰拙政園詩餘初集。及相國遭譴，夫人布衣練裳，不留一字落人間矣。性至孝，手寫大士像五千四十又八，以祈母壽，晚年皈依佛法，更號紫瞥。有青玉案詞云：『傷心誤到蕪城路，攜血淚，無揮處，半月模糊霜幾樹，紫簫低遠，翠翹明滅，隱隱羊車渡。鯨波碧浸橫江鎖，故壘蕭蕭蘆荻蒲，煙水不知人事錯，戈船千里，降旛一片，莫怨蓮花步。』」

若之遴的夫人徐氏，所作的詞，所繪的大士像，在無可奈何之中，抱有一腔幽怨，也是個有心的人。

二、楊大瓢的著述，已如上章所述，是文草成後，余又見楊大瓢雜文殘稿一册，為吳中文獻小叢書鉛印本，吳中文獻小叢書，純為彙輯閒情逸致的作品，可是這本書卻保存了不少明季清初史料。據是書所載，大瓢所著書的敍錄，除上編所記的而外，尚有金石源流，存疑錄，晞髮堂詩稿，鍘口編等書，是大瓢的著述，身丁國難，後人不加愛惜，散佚的不少了。

至山陰祁氏通海一案，我曾搜輯遺事，草有清初通海案一文，我不過鈎稽排比，作一個有力的假設，所據的事實，以全祖望鮚埼亭集為多。然謝山所撰祁六公子墓碣，魏雪竇祝版文，又不載楊春華越，和李兼汝甲的遺事，記載未能完備，不無遺憾。葉廷琯鷗波漁話、吹網錄所記楊安城、李兼汝的事跡，也敍說不詳，旣讀大瓢雜文殘稿，纔知道葉氏卽取材於是編。可是這本殘稿，是據道光二十九年太倉季錫疇傳鈔本；而葉廷琯氏也是見季氏鈔本而記下來的。於是這些譾聞遺事，流傳起來的線索，可以大明了。

關於山陰祁氏通海一案，各家記載，都若隱若顯，在當時本來是一樁祕密結合革命的運動，自然不敢彰明昭著的記載，但是大瓢殘文裏面記的非常詳悉，他的著述，未能流傳，恐怕也在於此吧。大瓢所著祁奕喜李兼汝合傳云：

「玆谿魏耕以詩名，於時爲兵部侍郎張煌言結客浙東西，班孫留之寓山，或經年不去；而先府君亦時時過寓山，與耕語。當是時，煌言與鄭成功，雖自南都敗還，而桂王尙在滇，浙東名士，皆水田衣，荷葉巾，或氈帽，綴玉瓶，若密結於旁，曳朱履，競以氣節相尙，無所顧忌；而秀水吳祖錫則奉永曆，耕則主煌言，皆陰結客；而蕭山李甲，歸安錢纘曾，與班孫皆祖錫耕之所主也。」

要不是有大瓢這樣的明顯的記載，浙東通海起事諸人的事蹟，像吳祖錫李甲諸君的豐功偉烈，一定要湮沒而不彰了。至其記祁奕喜遺事，則云：

「……獄成，班孫，甲，府君皆戍寧古塔，三年班孫賂其守將脫身去，至蘇州虎邱，大會賓客，一月乃歸，明年事聞，逮捕班孫，下髮蘇州堯峯爲僧，號曰咒林。明年說法常州馬鞍山，家信至，不發，對衆焚之，遣其奴歸曰：『嗣後不須來矣！』班孫喜談議，儒釋家書莫不通，尤善言革代事，至乙酉丙戌間，輒掩面欷歔，而不能止，常人多疑其爲大臣，而不知其前中丞子也。歲癸丑十一月十一日沐浴跏趺而逝，逝年三十九，無子，所著有東書堂集行世。」

至李兼汝傳云：

「李兼汝名甲，蕭山諸生也，好結客，蕭山爲紹興門戶，四方賓客過其地，雖深夜叩門，無勿留者，有緩急必傾身爲之，不計利害，以是浙東西名士，以恢復爲言者，甲莫不識之。壬寅春纘曾遺其妻書，以幼子屬府君，及甲書爲邏者所得，下獄，獄成，耕、纘曾，皆死，甲攜其妾，同府君、班孫徙寧古塔。甲負氣，又老不能自活，依府君以活，久之妾又死，思歸，日夜泣。是時守將以班孫遁，故出入必稽，不敢行。明年甲益不欲生，府君患之，乃以大甕覆牛車，而匿甲甕中，令僕御以出，而親送之至揚子河，甲乃行。然不敢歸其家，暮叩祖錫門，不遇，遇祖錫仲子濩，濩匿之蘇州光福山。壬子秋，其子日焜，日耀舉於鄉，乃歸，至杭州歿，子三，伯仲日焜日耀也。季曰日煜。又三年，班孫乃歿。」

以上兩則，據大瓢所著祁奕喜李兼汝合傳，深可以補全祖望鮚埼亭集之未備。這些事都是大瓢聽他父親的庭訓，或身與其役，自然較得諸傳聞的記載要確實得多了。就是清初一般志士那種奮勇節烈的行爲，也可於此概見。

我想清初人士，懷着革命思想，被淸廷統治階級的壓迫，遣戍到東北去，定不止僅如上述的這些人。大瓢所著府君畫像記云：

「丁卯秋，吳江周杲畫於寧古塔，而府君題詩其上，以示不孝賓也。詩曰：『臥龍山畔鏡湖湄，夢見鄉關覺後悲，誰道完顏城上月，年年猶得照齊眉，』時年六十有六。」

夢見鄉關覺後悲，這是何等淒涼的狀況！而且由此章看來，遣戍諸人，不但有文士，而且有畫家，於是知無辜被放的人，定不知有多少，這不過舉其犖犖大者罷了。

三十七年七月一日晨補記

附錄：清初東北流人遷徙年表

紀年 明	紀年 清	干支	西曆	紀事
崇禎八年	天聰九年	乙亥	一六三五	清軍在山西北部，掠往遼東人口七萬六千。
崇禎九年	崇德元年	丙子	一六三六	清軍在畿輔，俘掠人口十八萬。
崇禎十二年	崇德四年	己卯	一六三九	清軍在直隸山東一帶，俘獲人口四十六萬。
崇禎十四年	崇德六年	辛巳	一六四一	顏元父昶被清兵所掠，流往瀋陽。
崇禎十六年	崇德八年	癸未	一六四三	清軍在山東俘獲人口三十六萬九千。
崇禎十七年	順治元年	甲申	一六四四	李自成破京師，崇禎帝殉國，清兵入關，北都不守。福王由崧立國南京，僧函可聞難趨赴，滯至南京，主顧夢游家。唐王聿鍵，即位福州。
弘光元年 隆武元年	順治二年	乙酉	一六四五	僧函可，以造私史，事發，流徙瀋陽。
隆武二年 魯監國元年	順治三年	丙戌	一六四六	魯王以海，監國舟山。
監國二年 永曆元年	順治四年	丁亥	一六四七	桂王由榔，即位肇慶。
監國七年 永曆六年	順治九年	壬辰	一六五二	方拱乾以科場罣誤，謫戍寧古塔，十一年放歸。
監國八年 永曆七年	順治十年	癸巳	一六五三	李呈祥以條陳部院衙門，應裁去滿官，專用漢人，巧言亂政，流徙寧古塔。

永曆八年	順治一一年	甲午	一六五四	李裀論嚴治逃人之弊，免官，安置尙陽堡。寧安縣志：「順治一一時移內省老民四十八家至寧古塔，設置十三官莊，給田以耕。」農民流離關外，逃歸者多，淸廷嚴治逃人，兼及窩主，當在此時。 陳名夏論留髮復明衣冠，包藏禍心，論斬，其子掖臣流徙關外。
永曆九年	順治一二年	乙未	一六五五	季開生上疏械諫買江南女子入宮，肆誣沽直，下刑部獄，杖贖流徙尙陽堡。 魏琯論窩藏逃人痩斃，應請減等治罪，坐奪官流徙遼陽。 科場之議起，進士首名程周量被黜。科場之獄，遂禍及丁酉。
永曆一一年	順治一四年	丁酉		科場事發，南北闈主考官分別治罪，順天考試官李振鄴、張我樸等，論斬，家屬流徙尙陽堡。士子吳兆騫、孫暘、陸慶曾，錢威等，俱著責四十板，家產籍沒，父母妻子，流徙寧古塔。 河南主考黃鈊、丁彭等，落職，俱著責四十板，流徙尙陽堡。
永曆一二年	順治一五年	戊戌	一六五八	吳兆騫、孫暘等赴戍所。方拱乾以順治丁酉科場案流徙寧古塔。 陳之遴坐賄結內侍吳良輔，奪官，流徙尙陽堡。
永曆一三年	順治一六年	己亥	一六五九	鄭成功與張煌言軍，北抵鎭江，事平。成功父芝龍，及其弟芝豹，發遣寧古塔。
永曆一四年	順治一七年	庚子	一六六〇	浙中人士多預通海之謀，若祁班孫、魏耕、李甲、錢纘曾、楊越諸人重則論斬籍沒，輕則發遣寧古塔。 金壇哭廟抗糧獄起，生員倪用賓、金人瑞等八人論斬，家產籍沒，妻子流徙寧古塔。 張縉彥編刻無聲書，自稱不死英雄，惑人心，害風俗，貰死流徙寧古塔。
永曆一六年	康熙元年	壬寅	一六六二	永曆帝殂於雲南，鄭成功奉明朔，仍稱永曆年號。
永曆一九年	康熙四年	乙丑	一六六五	吳兆騫與張縉彥、姚琢之等在戍所，結七子之會。

永曆二四年	康熙九年	庚戌	一六七〇	方拱乾由寧古塔逃還揚州，入滇附吳三桂。
永曆三二年	康熙一七年	戊午	一六七八	老羌（俄羅斯）之役，寧古塔謫戍諸人，均發往烏喇地方，充當苦差。吳兆騫以將軍巴海之力得免於役。
永曆三四年	康熙一九年	庚申	一六八〇	吳兆騫以徐乾學等爲之納鍰，得還京師。孫暘垂老亦得重還故里。
永曆三六年	康熙二一年	壬戌	一六八二	平定三藩之後，附逆諸人，分別治罪，發遣尙陽堡充當苦差。陳夢雷、田起蛟、金鏡、李學詩等，發往新滿洲爲奴，遣戍瀋陽等地。黑龍江志略：「康熙年間命盜重犯，減等發遣黑龍江分別當差爲奴，至數千人。」當在此時。
	康熙三八年	己卯	一六九九	淸聖祖東巡，陳夢雷蒙恩召囘京師，侍皇三子胤祉讀書，纂輯古今圖書集成。
	康熙四七年	戊子	一七〇八	李光遠以朱三太子案，發往寧古塔，凡因朱三太子案株連諸人，分別發往寧古塔、齊齊哈爾、伯都訥等處安插，約百餘人。
	康熙五〇年	辛卯	一七一一	戴名世南山集獄興，方拱乾前卒，斮棺磔尸，家族發遣黑龍江。
	康熙六一年	壬寅	一七二二	聖祖殂後，雍正即位，排除異己。陳夢雷以與皇三子胤祉有黨，招搖無忌，發遣邊外。
	雍正二年	甲辰	一七二四	汪景祺作詩譏訕聖祖，大逆不道，立斬，其妻子發遣寧古塔。
	雍正四年	丙午	一七二六	査嗣庭主試江南所出試題爲：「維民所止」，顯係心懷怨望，瘐死獄中。其兄愼行、嗣瑮遣戍有差，家屬流放。
	雍正六年	戊申	一七二八	方觀承赴關外省親。
	雍正一〇年	壬子	一七三二	呂留良及其子葆中，弟子嚴鴻逵等，以曾靜之獄，戮屍梟首，孫輩發遣寧古塔，給披甲人爲奴。後以他事，改發黑龍江。